Alex Lefrank

Die vielen Entscheidungen und das eine Leben

Sinn, Freiheit und Identität
in ignatianischer Sicht

Alex Lefrank

Die vielen Entscheidungen und das eine Leben

Sinn, Freiheit und Identität in ignatianischer Sicht

echter

Imprimi potest
München, den 23. Mai 2018
P. Johannes Siebner SJ
Provinzial der deutschen Provinz der Jesuiten

Bibliografische Information der Deutschen Nationalbibliothek

Die Deutsche Nationalbibliothek verzeichnet diese Publikation in der
Deutschen Nationalbibliografie; detaillierte bibliografische Daten sind im
Internet über ‹http://dnb.d-nb.de› abrufbar.

1. Auflage 2019
© 2019 Echter Verlag GmbH, Würzburg

Umschlag: Vogelsang Design, Jens Vogelsang, Aachen (Foto: gettyimages)
Satz: Crossmediabureau – xmediabureau.de
Druck und Bindung: CPIbooks – Clausen & Bosse, Leck

ISBN 978-3-429-05368-0

Inhalt

Vorwort

Ich hatte das Glück, dass ich gleich zu Anfang meiner apostolischen Arbeit Menschen begegnen durfte, für die die „Geistlichen Übungen" des Ignatius von Loyola zur Lebensorientierung geworden waren. Das war in der GCL (Gemeinschaft Christlichen Lebens), der ignatianischen Laiengemeinschaft, für die diese Übungen die spirituelle Grundlage waren. Für das Verständnis dieser Übungen war damit schon eine Richtung angezeigt: dass sie nämlich nicht nur eine Übungs-Veranstaltung von einigen Tagen sind, sondern eine ganze geistliche Pädagogik enthalten. In der Begleitung vieler Einzelner konnte ich dann sehen, wie diese Pädagogik zu helfen vermag, immer mehr ein Leben zu führen, das vom neutestamentlichen Glauben bestimmt ist. Das konkretisierte sich in den vielen größeren oder kleineren Entscheidungen, die Menschen in Familie und Beruf und darüber hinaus zu treffen haben.

Das Thema dieses Buches hat mich also schon über lange Zeit begleitet. In den letzten Jahren ist eine vertiefte Reflexion über die Grundphänomene menschlichen Lebens hinzugekommen. So ist dieses Buch mit seinen zwölf Kapiteln aus seelsorglicher Erfahrung und grundsätzlicher Reflexion entstanden. Ich danke dafür allen, die ich im Lauf von vielen Jahren auch in ihren Entscheidungen begleiten durfte, und ich danke meinen philosophischen und theologischen Lehrern und auch den Autoren, die mich an ihren Einsichten in das menschliche Leben teilhaben ließen. Darüber hinaus danke ich Dr. Ottmar Leidner und Domkapitular Franz-Reinhard Daffner, die wertvolle

Hinweise zur Verbesserung des Buches gegeben haben, und besonders Bernadett Groß, die wesentlich dazu beigetragen hat, dass der Text des Buches einheitlicher und verständlicher werden konnte, ebenso Jeremias Lerch, der die Graphiken erstellt und in den Text eingefügt hat.

1.

Zur Bedeutung des Entscheidens für den Menschen

In vielen Situationen des Lebens erfährt sich der Mensch vor die Wahl gestellt: Entweder dieses – oder jenes. Er muss sich entscheiden. Auch wenn er die Entscheidung verschiebt oder ihr ausweicht, entscheidet er: eben nicht zu entscheiden. In der Entscheidung ist der Mensch mit seiner Einmaligkeit als Person konfrontiert. Er kann entscheiden, und er muss entscheiden. Je nach Persönlichkeitsgestalt und Situation wird das eher als Möglichkeit und Chance oder als Herausforderung und Last erlebt. Denn Entscheidungen können richtig oder falsch, gut oder böse sein. So wird im Entscheiden die persönliche Verantwortung bewusst. Man kann sich zwar Rat holen, ja sogar versuchen, die Verantwortung abzuwälzen; aber letztlich weiß jeder, dass einem dort, wo wir wirklich entscheiden können, niemand die Verantwortung abnehmen kann. Beim Entscheiden spürt der Mensch – oder ahnt es wenigstens –, dass es um Sinn und Wert seines Lebens, religiös: um sein Heil geht. Damit ist auch seine Freiheit angesprochen. Denn Freiheit wird zunächst als *Wahlfreiheit* bewusst, wenn es um die Entscheidung zwischen verschiedenen Möglichkeiten des Tuns oder Lassens geht.

Im Laufe unseres Lebens treffen wir unzählig viele Entscheidungen. Jeden Tag entscheiden wir uns viele Male, angefangen morgens vom Aufstehen bis abends, wo wir entscheiden müssen, wann wir ins Bett gehen. Wir erleben diese vielen Entscheidungen meistens punktuell, eben jeweils als Entscheidung, die ich *jetzt* zu treffen habe. Wenn eine Entscheidung dann getroffen ist, widmen wir uns dem, wofür wir uns entschieden haben, bis zur nächsten Situation, die uns zur Entscheidung herausfordert. Viele der Entscheidungen, die wir im Laufe unseres Lebens treffen, scheinen ohne Zusammenhang einfach nebeneinander zu stehen. Bei manchen Entscheidungen werden wir uns allerdings bewusst, dass sie entscheidenden Einfluss auf unser Leben *als Ganzes* haben, z.B. bei der Partnerwahl oder Berufswahl. Und es gibt Situationen, in denen wir die oben angesprochene Heilsrelevanz von Entscheidungen deutlich spüren, z.B. wenn uns ein Mensch in einer Notsituation um Hilfe bittet. Dann sind die möglichen Alternativen der Entscheidung nicht mehr gleichwertig, sondern ethisch relevant. Hinterher spüren wir, ob wir „richtig" entschieden haben oder ob wir schuldig geworden sind; unser Gewissen meldet sich. Wir spüren, dass unsere Entscheidung den Wert unseres Lebens berührt. Gilt das nur dann, wenn wir uns dessen bewusst werden, oder ist *jede* Entscheidung ethisch relevant und hat einen Zusammenhang mit dem Ganzen unseres Lebens?

Die Exerzitien des Ignatius von Loyola gelten als Schule dafür, gut entscheiden zu lernen. Als die Mitte der ignatianischen Exerzitien wird eine Entscheidung angesehen, die im Exerzitienbuch „Wahl" genannt wird. Interessanterweise gebraucht Ignatius die Worte „Entscheidung" und „entscheiden" kein einziges Mal in seinen „Geistlichen Übungen"[1]. Hingegen spricht er immer wieder

---

1 Dies ist der genaue Titel der Exerzitien. Ich zitiere daraus nach der Übersetzung aus dem spanischen Orginaltext von Peter Knauer SJ:

von „wünschen", „wollen", „wählen". Benennt er damit die Komponenten, aus denen der Entscheidungsvorgang besteht? Der Wahlentscheidung geht in den Exerzitien ein langer Weg voraus, in dem es um andere Dinge geht als den konkreten Wahlgegenstand, dessentwegen jemand Exerzitien machen will (z.B. ob er heiraten oder in einen Orden eintreten soll). Das lässt erahnen, dass Ignatius das Thema Entscheiden in einem größeren Zusammenhang und mit Voraussetzungen sieht, die zu beachten sind, wenn Entscheidungen, v.a. Lebensentscheidungen, gute Entscheidungen werden sollen. All das lässt vermuten, dass von ignatianischen Exerzitien mehr zu erwarten ist als eine Methode oder Technik, um gute Entscheidungen zu treffen. Bevor wir uns aber seiner Schule anvertrauen, um dadurch mehr zu lernen, wie „die vielen Entscheidungen und das eine Leben" zusammenkommen, muss einiges sowohl über dieses eine Leben des Menschen wie über menschliches Entscheiden geklärt werden. Ignatius konnte zu seiner Zeit von allgemein angenommenen Überzeugungen ausgehen, die seither jedoch infrage gestellt wurden und von vielen heute nicht mehr geteilt oder wenigstens differenzierter gesehen werden.

Ignatius von Loyola, Geistliche Übungen, Echter 1998, in der üblichen Zählung mit EB (für Exerzitienbuch) und der zitierten Nummer.

2.
Die drei Gegenstands-Bereiche einer menschlichen Entscheidung

In jeder Entscheidung entscheide ich dreierlei:

1) Ich nehme Stellung zu einer oder mehreren Möglichkeiten, Angeboten oder Gegebenheiten, die ich in der Welt außer mir, in der *Außenwelt*, erkenne, indem ich eine ergreife, die andere(n) ablehne oder keine ergreife und alle ablehne. – Beispiel: Ob ich am kommenden Wochenende eine Freundin besuche oder nicht.

Die Möglichkeiten und Angebote lassen sich verschiedenen Kategorien zuordnen, die unterschiedliche Bedeutung für den Menschen haben: eher *sachliche Gegenstände*, die der Mensch für sein Leben braucht: Nahrung und Wohnung etc.; Arbeit, von der er leben kann; Bildung, um einen Beruf auszuüben; sodann *Menschen*, mit denen er in unterschiedlicher Weise in Beziehung treten, leben und wirken kann, die ihn annehmen, von denen er in seinen emotionalen Bedürfnissen (Anerkennung, Liebe, Geltung und Macht etc.) angesprochen wird; und schließlich *Ziele*, denen er sich mit Einsatz seiner Kräfte widmen will, z.B. mit Obdachlosen Kontakt halten und sich für sie einsetzen.

2) Wenn ich über Gegebenheiten der Außenwelt entscheide, nehme ich gleichzeitig zu den *inneren Regungen* Stellung, die beim Kontakt mit diesen Möglichkeiten in mir wach werden.

Solche inneren Regungen sind: Sehnsüchte und Wünsche, Ängste und Abneigungen, aber auch Ideale, Normen und Verbote, d.h. alles, was in mir als Strebens- oder Widerstrebensregung lebendig wird. Sie werden mir bei der Begegnung mit den Sachen, Personen und Möglichkeiten, die sich mir in der Außenwelt zur Wahl bieten, bewusst, verbinden sich mit ihnen und *motivieren*, bewegen mich in unterschiedlicher Weise, sie zu wählen oder abzuweisen. Wenn ich mich für oder gegen eine Sache entscheide, entscheide ich gleichzeitig über diese Regungen in meiner *Innenwelt*, denn sie sind die Energie zu meiner Entscheidung. Ich entscheide darüber, welcher dieser inneren Motive ich den Vorrang gebe.

Am oben eingeführten Beispiel: Im Blick auf das kommende Wochenende kommt in mir der Wunsch auf, eine Freundin, die ich lange nicht mehr gesehen habe, wieder einmal zu treffen; dahinter regt sich die Sehnsucht, nicht allein zu sein, und es meldet sich mein Gewissen, dass ich sie sonst vernachlässigen würde. Andererseits frage ich mich, ob ich mir das leisten kann, weil ich noch viel Unerledigtes auf meinem Schreibtisch liegen habe. Die Entscheidung, was ich am Wochenende tun werde, hängt also davon ab, welchem dieser Motive ich entscheide den Vorrang zu geben.

Es gibt sogar Entscheidungen, die sich direkt nur auf innere Regungen beziehen, z.B. ob ich eine Wunschvorstellung, die in mir aufgekommen ist, weiterspinne oder nicht. Indirekt nehmen sie aber in den Bildern, in denen sie sich abspielen, Gegebenheiten der Außenwelt in die Entscheidung mit hinein.

3) Indem ich über Gegebenheiten aus der Außenwelt und Regungen in der Innenwelt entscheide, entscheide ich gleichzeitig *über mein Leben* – wenigstens für diesen Moment. Ich bestimme *mich selbst*; ich drücke aus, wer ich sein will. Denn der Mensch ist ein intentionales Wesen: Er vermag sich selbst nur zu verwirklichen, indem er sich zu den Dingen, Situationen und Personen verhält, die ihm begegnen. Das drückt sich gut in unserer Sprache aus: Ich entscheide *mich* zu diesem oder jenem.

An obigem Beispiel: Wenn ich am kommenden Wochenende die Freundin nicht besuche, weil es mir wichtiger ist, das Unerledigte aufzuarbeiten, entscheide ich auch, wer ich in diesem Moment sein will, nämlich jemand, der seine Pflicht erfüllt.

Die drei Gegenstandsbereiche im Bild:

1. Gegenstandsbereich:

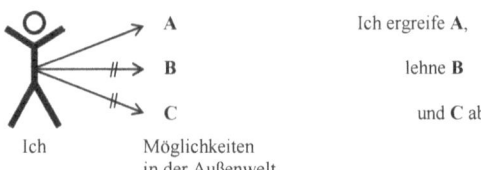

Ich ergreife **A**,

lehne **B**

und **C** ab.

Ich   Möglichkeiten
in der Außenwelt

2. Gegenstandsbereich:

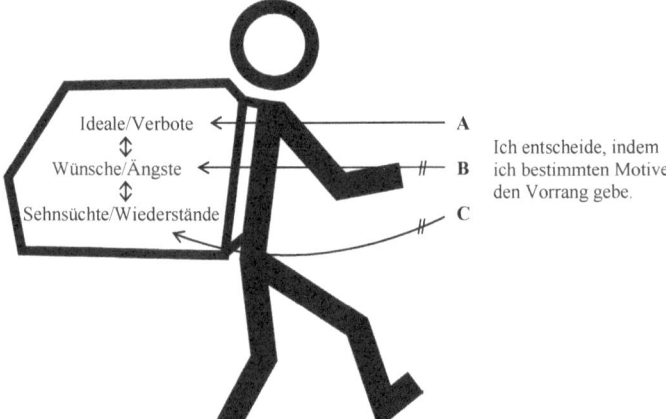

Ich entscheide, indem
ich bestimmten Motiven
den Vorrang gebe.

3. Gegenstandsbereich:

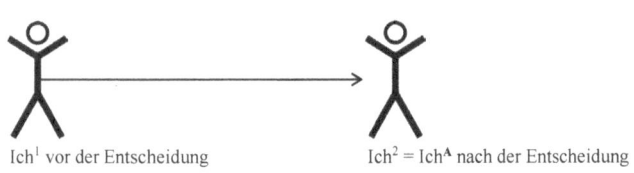

Ich^1 vor der Entscheidung $Ich^2 = Ich^A$ nach der Entscheidung

Von diesen drei Gegenstandsbereichen einer Entscheidung steht die erste meistens im Vordergrund des Bewusstseins, wenn man sich einer Entscheidung bewusst wird. Der zweite Bereich wird dann notvoll erlebt, wenn vielerlei, einander widerstrebende Regungen gespürt werden. Oft bleibt er jedoch unbewusst oder wird nur halbbewusst, obwohl er in unseren Entscheidungen wesentlich ist. Der dritte Bereich wird uns im Zusammenhang größerer Entscheidungen bewusst, die wir dann „Lebensentscheidungen" nennen, wie z.B. Partnerwahl, Ausbildungs- und Berufsentscheidungen. Im Alltag bleibt er vielfach unbeachtet.

In Bezug auf die Frage, ob eine Entscheidung eine *gute Entscheidung* ist, geht es beim ersten Bereich um *Sachgerechtigkeit*: Werde ich den Sachen und Personen, über die ich entscheide, gerecht? Beachte ich die ihnen wesensmäßig innewohnende Ordnung und Bedeutung, theologisch formuliert: die Schöpfungsordnung[2]? Das würde ich nicht tun, wenn ich den Besuch bei der Freundin machen würde, obwohl ich mich zum beruflichen Dienst an diesem Wochenende verpflichtet hatte; Personen, die auf meinen Dienst angewiesen sind, würden dadurch geschädigt.

---

2 Unter Schöpfungsordnung verstehe ich die der uns vorgegebenen Wirklichkeit, der Schöpfung, innewohnende Finalität, aus der sich ein Zusammenhang, eine Hinordnung der einzelnen Dinge und Menschen aufeinander ergibt. Geläufiger ist dafür die Bezeichnung „Naturrecht". Aus ihr ergeben sich ethische Normen für den Menschen. Wenn man die Natur nicht als völlig unstrukturierte Materie versteht, was sie offensichtlich nicht ist, muss man so etwas wie eine ihr innewohnende Ordnung annehmen; sie im Einzelnen zu erkennen, ist eine Aufgabe, die gewiss nicht leicht zu lösen ist. Die gesellschaftliche Entwicklung in der westlichen Welt hat dazu geführt, diese vorgegebene Ordnung immer mehr zu leugnen. Siehe dazu auch Kapitel 6: „Entscheiden wir nur, wenn wir eine Wahl haben".

Beim zweiten Bereich geht es um *innere Freiheit*: Lebe ich so in eingefahrenen Motivmustern und daraus entstandenen Gewohnheiten, dass ich, ohne mir dessen bewusst zu sein, einfach tue, was sie mir nahelegen? Tatsächlich bin ich dann *abhängig* von bestimmten Motiven, so dass ich eigentlich *keine Freiheit* der Entscheidung mehr habe. Bei Suchtkranken ist das offensichtlich; aber es gilt weit darüber hinaus. Im obigen Beispiel wäre das der Fall, wenn das Verlangen, die Freundin endlich wieder in den Armen zu halten, so stark wäre, dass Gegengründe gar keine Chance mehr hätten, beachtet zu werden.

Beim dritten Bereich geht es *um Identität*: Wenn dieser dritte Gegenstands-Bereich auf Dauer außer Acht bleibt, kommt es zu keiner eindeutigen Identität; ich werde dann zu jemand oder zu etwas, ohne mich dafür entschieden zu haben.

Damit gute Entscheidungen zustande kommen, ist der Zusammenhang dieser drei Gegenstandsperspektiven zu beachten: Wenn ich keine Freiheit meiner Motiv-Welt gegenüber gewinne, werde ich schwerlich sachgerechte Entscheidungen treffen können. Und wenn mir bei meinen Entscheidungen nicht bewusst ist, wer ich sein will, werden diese Entscheidungen orientierungs- und ziellos ausfallen.

3.
Wie kommt es überhaupt zu Entscheidungen und wie laufen sie ab?

Wie *merkt* ein Mensch denn im Alltag, dass er eine Entscheidung treffen muss? Am deutlichsten werden wir darauf aufmerksam, wenn wir *von außen* angefragt werden, ob wir das oder jenes wollen, z.B. wenn die Bedienung im Restaurant fragt, ob wir Fleisch oder vegetarisch essen wollen, oder der Chef uns fragt, ob wir eine neue Stelle im Betrieb übernehmen wollen. Wir erleben uns vor die *Wahl gestellt*. Es gibt aber auch die Situation, dass die Entscheidungsfrage oder -sache von *innen her* in uns aufsteigt, z.B. wenn wir nicht mehr zufrieden sind mit der Stelle, die wir haben, und uns fragen, ob wir um Versetzung bitten sollen; oder wenn wir Interesse an einem Menschen gefunden haben und uns fragen, ob wir die Beziehung pflegen sollen. Im ersten Fall wird die Entscheidung durch ein Angebot von außen (1.Gegenstandsbereich) angestoßen; im zweiten Fall kommt die Entscheidung von der Gefühls- und Motivwelt oder meiner Identitätssuche, also durch innere Impulse (2. oder 3. Gegenstandsbereich) in Gang.[3] Im ersten Fall besteht die Gefahr, dass die beiden anderen Gegenstandsbereiche gar nicht mehr beachtet werden und dass eine ungeklärte Motivation die Entscheidung bestimmt. Dann kommt es wahrscheinlich zu einer

---

3 Siehe dazu Kapitel 2: „Die drei Gegenstandsbereiche einer menschlichen Entscheidung".

innerlich unfreien Entscheidung, die nach eingefahrenen Mustern abläuft und für meine Identität keinen Fortschritt bringt. Im zweiten Fall mag es dazu kommen, dass ich es bei der Unzufriedenheit oder dem Interesse bewenden lasse und den Mut und die Kraft nicht finde, eine Entscheidung anzugehen und zu treffen. Ich verpasse damit die Chance, mich mit meiner Motivwelt auseinanderzusetzen und in meiner Identität zu wachsen.

Gibt es auch Entscheidungen, derer wir uns *nicht bewusst* werden? Mit dem Wort „entscheiden" verbinden wir gewöhnlich Bewusstsein; wir *erleben* uns als Ich. Wir sind deshalb geneigt, auf die Frage mit nein zu antworten. Das kommt zunächst daher, dass wir Entscheiden spontan mit Wahl, Auswählen aus mehreren Möglichkeiten, identifizieren.

Es gibt aber auch Veränderungen in unserem Leben, derer wir uns *nicht* bewusst sind und die doch nicht einfach von außen, von anderen oder vom „Schicksal" über uns gekommen sind. Wenn wir solcher Veränderungen gewahr werden, würden wir sie wohl nicht als Entscheidungen bezeichnen, die *wir* getroffen haben; aber wir ahnen oder merken doch, dass es Weichenstellungen sind, an denen wir *beteiligt* waren. Da sind zum einen die Gewohnheiten, die unser Tun und Lassen bestimmen, die aber durchaus anders sein könnten. Zum anderen erkennen wir manchmal – meist hinterher –, dass ich da etwas getan habe, für etwas verantwortlich bin, das mir zwar *nicht klar* bewusst gewesen ist, das ich aber nicht auf andere abschieben kann, z.B. wenn mir bei einer Party eine Person von ihrem Äußeren her unsympathisch ist und ich sie deshalb weniger beachte als die anderen.

Damit ist das Thema vom „Unbewussten" angesprochen; zu mir als Ich gehört nämlich wesentlich mehr als das, was mir bewusst ist. Das Unbewusste „ruht" nicht einfach in mir, sozusagen als etwas Totes. Es *wirkt* in mir und durch mich. Dabei muss man das eigentliche Unbewusste, das uns nur verschlüsselt im Traum oder auf ähnliche Weise zugänglich werden kann, unterscheiden vom „Vorbewussten" oder „Halbbewussten", das nicht im Blick des gerichteten oder intentionalen Bewusstseins steht, wohl aber am Rande unscharf *mit-gewusst* wird. Es vermag durch Sammlung und Übung ins Bewusstsein gehoben zu werden. Damit wird es für bewusste Entscheidungen zugänglich. Bei unserem Thema, wie die vielen Entscheidungen, die wir im Leben treffen, einen Zusammenhang gewinnen können, wird es also auch darauf ankommen, dass wir *aufmerksamer* werden auf all das, was uns in unserem Denken, Fühlen und Wollen *zunächst nicht beschäftigt*, aber doch „nebenbei" wahrnehmbar ist.[4]

Wie ist nun der innere Ablauf eines *bewussten* Entscheidungsprozesses? Zuerst muss einem als *Frage* bewusst werden, ob eine Entscheidung ansteht. Damit aus der Frage, ob in einer Sache eine Entscheidung zu treffen ist, ein *Prozess* in Gang kommt, muss die Sache oder Person, die

---

4 Kognitionspsychologen haben ein Modell erarbeitet, nach dem wir für Entscheidungsvorgänge im Gehirn zwei Systeme haben: System 1 für schnelle, automatische, gewohnheitsmäßige Handlungen, die meist unbewusst verlaufen; System 2 für Entscheidungen, die wir bewusst abwägen wollen. Bei System 1 gibt es einen Teil, zuständig für Sprache, Gehen, Mimik, Tanz, Routinehandlungen u.ä., der meist unbewusst abläuft, aber prinzipiell dadurch steuerbar ist, dass die Aufmerksamkeit gezielt darauf gelenkt wird; der andere Teil, der Körperreflexe, vegetative Reaktionen, Atmung, Immunreaktionen u.ä. betrifft, läuft unbewusst ab und ist nur sehr begrenzt steuerbar, z.B. durch tiefgreifende Lebensstiländerungen, Medikamente oder auch autogenes Training. – Nach einem Referat, das der Neurologe Dr. Ottmar Leidner auf einer Tagung der GCL (Gemeinschaft Christlichen Lebens) am 23.09.2017 in Vallendar gehalten hat.

in Frage steht, *Motive mobilisieren* (2. Gegenstandsbereich), denn sie sind die Energie für den Entscheidungsprozess. Wenn der Prozess dann weitergehen soll, muss eine *Wahl unter den Motiven* stattfinden. Damit ist die innere Freiheit angefragt; sie muss wenigstens soweit aktiviert werden können, dass überhaupt eine Wahl zwischen den Ideen, Normen, Sehnsüchten und Wünschen, Ängsten und Abneigungen geschehen kann, die durch die Entscheidungsfrage lebendig geworden sind. Damit eine Wahl unter den Motiven möglich wird, müssen *Zwecke oder Ziele* ins Spiel kommen, von denen die Motive bewertet werden. Auch hier geht es wieder um *Auswahl*: Welches der in Blick gekommenen Ziele soll jetzt für die Entscheidung bestimmend werden? Je mehr jemand nicht nur theoretisch *ein* Ziel für sein Leben hat, sondern dieses Ziel im laufenden Entscheidungsprozess *wirksam wird*, desto eher wird die zu treffende Entscheidung fruchtbar sein für die Gestaltung seiner Identität (3. Gegenstandsbereich).

Wenn die bisher genannten drei Schritte – 1. Bewusstwerden einer Entscheidungsfrage, 2. Erwachen von Motiven, 3. Ins-Spiel-Kommen von Zielen und Auswahl unter den Zielen und dadurch unter den Motiven – vollzogen sind, kann die *Wahl* oder eigentliche Entscheidung *getroffen* werden. Danach muss die Entscheidung zur *Entschiedenheit* werden, damit sie sich als Wort oder Tat in der Realität meines Lebens inkarniert; dazu bedarf es der ausdrücklichen *Bestätigung*, eines „Fiat" (es geschehe!), mit der ich mich von den nicht gewählten Alternativen verabschiede. Dann kann ich zur *Planung oder Ausarbeitung* der Durchführung schreiten. Bei der Durchführung muss die getroffene Entscheidung v.a. in ihrer *Zielausrichtung leitend bleiben,* damit sich nicht unter der Hand abgewählte Motive wieder in den Vordergrund drängen und die getroffene Entscheidung verwässern oder ich sie bei Widerstand verleugne und nicht durchhalte.[5]

Hier noch einmal die Schritte in Übersicht:
1. Mir wird von außen durch Anfrage oder durch Aufmerksamkeit auf innere Impulse bewusst, dass eine Entscheidung ansteht.
2. In mir kommen allerlei Motive auf, die sich mit den Entscheidungsalternativen verbinden.
3. Indem ich mich auf die Ziele besinne, die ich verfolgen will, werden die verschiedenen Motive entsprechend bewertet und wird eine Wahl unter den Motiven möglich.
4. Ich wähle und entscheide mich für eine der Alternativen oder für keine davon.
5. Ich bestätige diese Wahl, verabschiede die nicht gewählten Alternativen und gewinne dadurch Entschiedenheit.
6. Ich gehe an die Planung und Ausarbeitung der Durchführung der getroffenen Entscheidung.
7. Ich halte die Zielorientierung im Bewusstsein, so dass sie die Durchführung leitet.

Für unsere Frage, wie die *vielen* Entscheidungen mit dem einen Leben zusammenhängen, ist der dritte Schritt, durch *welche Ziele* die Entscheidungen jeweils geleitet werden,

---

5 Dieser Abschnitt gibt „die Schritte einer Entscheidung" wieder, wie sie die Psychosynthese herausgefunden hat. Vgl. Robert Assagioli, Die Schulung des Willens, Methoden der Psychotherapie und der Selbsttherapie, Jungfermann, Paderborn [6] 1991, Zweiter Teil: Die Stadien des Wollens, S. 121–165.

von *entscheidender* Bedeutung. Da gibt es Ziele, die sich aus *der Sachgerechtigkeit* ergeben (1. Gegenstandsbereich), z.B. bei einer anstehenden Reise das Verkehrsmittel zu wählen, das am wenigsten Schadstoffbelastung mit sich bringt. Es gibt aber auch Ziele, die sich aus der Aufgabe ergeben, *innere Freiheit* zu gewinnen (2. Gegenstandsbereich), z.B. dass jemand, der sich schwer tut, auf Wünsche anderer mit nein zu antworten, der sich deshalb ständig überlastet und damit gegen die Selbstliebe versündigt, lernen muss, sich nicht von der Angst bestimmen zu lassen, wegen seines Neins abgelehnt zu werden. Sodann gibt es Ziele, die sich aus der Frage ergeben, *wer ich sein* will (3. Gegenstandsbereich), z.B. wenn jemand Christ werden will, kann er nicht einfach dem nachlaufen, was ihm von öffentlichen Medien und der Werbung als „in" und als fortschrittlich angepriesen wird.

Wie bereits angemerkt, ist die Aufmerksamkeit auf alle drei Gegenstandsbereiche nicht von vorneherein gegeben.[6] Der Wachstumsfortschritt besteht also *auch* darin, dass bei Entscheidungsfragen die Aufmerksamkeit nicht nur auf den 1. Bereich gerichtet ist, sondern auch der 2. (Motive) und 3. Bereich (Identität) in die Abwägung der Ziele einbezogen werden.

---

6 Siehe Kapitel 2: „Die drei Gegenstandsbereiche einer menschlichen Entscheidung".

4.

Die Dimensionen und Ebenen menschlichen Lebens

Das Leben des Menschen vollzieht sich *vierdimensional*: Es erstreckt sich in die Länge der Zeit, hat dadurch Geschichte. Es entfaltet sich in die Breite irdischer Möglichkeiten (Beschäftigung mit Menschen und Dingen, Themen und Aufgaben, in Arbeit und Freizeit, in Beruf und Familie usw.), füllt dadurch die Geschichte mit Inhalten. Und es vollzieht sich in *unterschiedlicher Tiefe*, hat also auch eine Tiefendimension. Darüber hinaus lebt im Menschen die Frage nach dem Jenseits, nach der *Transzendenz*, nach Gott, nach Himmel und Hölle als einer weiteren Dimension, in die seine Existenz hineinreicht.

Von diesen vier Dimensionen sind uns die ersten beiden, die Zeit und die inhaltlich-gegenständliche Breitendimension, geläufig; weniger die dritte, die nach der Tiefe fragt. Die vierte Dimension, der Bezug zur Transzendenz, mag zwar bei religiösen Menschen grundsätzlich sehr bewusst sein; ob dieser Bezug aber nicht nur ein inhaltlicher Bereich in der Breitendimension des Lebens bleibt, sondern für die *ganze Existenz* wirksam wird, ist damit noch nicht gesagt. Vielfach tritt der Transzendenzbezug erst an den Grenzen unseres irdischen Lebens, bei Krankheit und Tod existentiell ins Bewusstsein. Wie sich zeigen wird, sind aber gerade diese beiden Dimensionen, die Tiefendimension und die Transzendenzdimension, für unser Thema entscheidend.

In der Tiefendimension menschlicher Existenz sind *drei Ebenen* erkennbar:

1. Die funktional-rationale Ebene

Auf dieser Ebene bewegen wir uns im „Management" des Lebens, wo es um Termine, Sachentscheidungen, äußere Abläufe und Regelungen geht. Wir ordnen sie eher dem Verstand zu. Auf dieser Ebene „arbeiten" wir. Das Ich agiert auf dieser Ebene als Zentrum des Denkens, Wollens und Handelns. Dinge und Menschen sind dabei Objekte, mit denen das Ich als Subjekt umgeht. Weil das so ist, wird vielfach übersehen, dass dennoch alle drei Gegenstandsbereiche einer Entscheidung[7] dabei im Spiel sind.

Wenn wir unsere Sachziele erreicht haben, sind wir befriedigt. Wenn etwas undurchschaubar ist und wir es nicht „erledigt" bekommen, ärgern wir uns. Das heißt, auch auf dieser Ebene schwingen Gefühle mit, aber sie hängen eher am Erfolg unseres Funktionierens, als dass sie uns selbst als Ich betreffen. Menschen, von denen man den Eindruck hat, dass sie vor allem auf dieser Ebene leben, werden oft als „verkopft" bezeichnet. Tatsächlich scheint primär unser Kopf, unser rationales Denken und das von ihm bestimmte Wollen, tätig, indem es unser Handeln (mit Händen und Werkzeugen) leitet. Starke Gefühle scheinen uns dann eher hinderlich zu sein.

---

7 Siehe Kapitel 2: „Die drei Gegenstandsbereiche einer menschlichen Entscheidung".

2. Die Beziehungs- und Gefühlsebene

Auf dieser Ebene bewegen wir uns, wenn uns Begegnungen und Ereignisse so betreffen, dass sie in uns *Gefühle* auslösen. Sie „machen dann etwas mit uns". Begegnungen und Ereignisse sind keine Objekte, mit denen *wir* etwas machen, sondern wir erleben, dass da andere Zentren des Handelns agieren, die unabhängig von unserem Ich sind. Es ist die Ebene der „*Intersubjektivität*": Ich als Subjekt begegne anderen Ichs, die Subjekte sind. Insofern sie mir gegenüber sind, sind sie *auch Gegenstände in der Außenwelt*, zu denen ich Stellung nehme. Ich bin aber nicht unabhängig von diesen anderen Ichs. Sie bilden mit mir zusammen ein *Wir*. Weil der Mensch als „Mit-Mensch" geschaffen ist, angelegt und angewiesen auf andere, trägt er in sich eine tiefe *Sehnsucht* danach, von den anderen angenommen, anerkannt, geschätzt, bejaht und geliebt zu werden, in einem Wir geborgen zu sein. Diese Sehnsucht kann nur durch die Zuwendung von anderen zu mir befriedigt werden. Das ist schon beim Baby so. Eine materiell perfekte Versorgung lässt das Kind verkümmern, wenn es keine *affektive* Zuwendung erfährt. Selbst wenn er wollte, kann der Mensch also nicht ignorieren, wie diese anderen mit ihm umgehen und zu ihm stehen. Er kann es nur verleugnen. Deshalb wird auch in der Begegnung mit Mitmenschen der 2. Gegenstandsbereich einer menschlichen Entscheidung, die inneren Emotionen und Motive, gewöhnlich stärker wahrgenommen. Was geschichtliche oder Natur-Ereignisse angeht, die uns wirklich betreffen, so können wir auch da der Frage, wer als Subjekt dahinter steht, nicht entgehen; wir können sie nur verleugnen. So meldet sich auf dieser Ebene auch die Frage nach Gott.

Gefühle können wir nicht willkürlich schaffen oder abschaffen. Sie entstehen ungewollt und betreffen uns. Wir sind ihnen dann ausgeliefert; wir beherrschen diese Ebene nicht einfach. Das Ich erlebt auf dieser Ebene eine gewisse Ohmacht.

3. Die Tiefe oder der Grund in uns

Wenn es nur die beiden genannten Ebenen in uns gäbe, wären wir nur eine Vielheit von Gedanken, Handlungen und Gefühlen; wir wären keine *Einheit*, wir wären nicht einer, sondern viele. Die Zeit-Dimension unseres Lebens würde keine Geschichte, und aus den vielen Begegnungen unseres Lebens entstünden keine bleibenden Beziehungen. Manchmal erleben wir uns so: gespalten und hin und her gerissen von Ideen und Bedenken, Stimmungen und Gefühlen. Dennoch *wissen* wir, dass ich *als ich* ein und derselbe bin, durch die verschiedenen Zeiten und Situationen hindurch, die ich erlebe.[8] Dieses Wissen begleitet mich ständig, wenn ich bei Bewusstsein bin. Wir nennen es *Selbstbewusstsein*.[9] Selbst im Traum gibt es mich als Traum-Ich. Aber es ist nur ein *begleitendes Wissen*. Es ist die Bedingung, dass ich als menschliche Person *identisch ich* bin und in meinem Bewusstsein dieselbe bleibe durch die Zeit hindurch und so Geschichte habe. Es ermöglicht

---

8 Bei bestimmten Psychosen, z.B. Schizophrenie, ist dieses Wissen mindestens zeitweise nicht mehr gegeben.

9 Das deutsche Wort „Selbstbewusstsein" wird sowohl für das Wissen um sich selbst – wie hier im Text – als auch für Selbst-*Wert*-Bewusstsein gebraucht, wenn z.B. von jemand gesagt wird, er habe ein „starkes Selbstbewusstsein".

Gewissen und Verantwortung. Wir *haben* Gedanken und Gefühle, aber wir *sind sie nicht*; wir gehen in ihnen nicht auf.

Dank dieses begleitenden Bewusstseins vermögen wir das, was wir früher gedacht, getan und gefühlt haben, in Erinnerung und Selbstreflexion zum Gegenstand unseres Denkens und Fühlens zu machen; aber wir können aus diesem begleitenden Wissen kein *aktuelles direktes Objekt-Erkennen* machen. Wir können unsere Vergangenheit zwar erinnern, sie aber nicht so herholen, dass wir sie noch einmal und dann anders leben könnten; sie ist *definitiv vergangen*. Wir leben vorwärts, nicht rückwärts. Außerdem ist auch unser Erinnern nicht objektiv und neutral; es ist beeinflusst von den Wunschvorstellungen, die wir jeweils von uns haben. Wir können nicht außerhalb von uns selbst einen Standpunkt einnehmen, von dem aus wir wie von außen auf uns schauen könnten. Diesen tiefen Grund haben wir nie „vor" uns. Wir „haben" ihn nicht. Es ist deshalb leichter zu formulieren, was er nicht ist, als was er ist. Und doch gehört er nicht nur zu mir; *ich bin er.* Wer ich eigentlich und letztlich bin, ist nur in dieser Tiefe da.

Man hat diese *Tiefe* in uns „Seelengrund"[10] genannt. In ihm wurzelt unser *Person-Sein.* In ihm wurzelt unser

---

10 „Die Termini Seelengrund, Seelenfünklein etablierten sich insbesondere in der sogenannten Deutschen Mystik. Die mythische Vorstellung, dass der Mensch einen Funken göttlichen Urfeuers in sich trägt, spielt bei der Wortwahl eine Rolle. … Der konzentrierte und potenzierte „Kern" der Seele ist psychologisch unzugänglich und lässt sich nicht mit den Seelenkräften (Denken, Willen, Streben, Fühlen) ineins setzen. Er kann aber von ihnen eine mehr intellektive (Dominikanermystik) oder mehr affektive (Franziskanermystik) Färbung annehmen. … Für Meister Eckart leuchtet das „Fünklein" … unauslöschlich im Grund der Seele." LThK[3] Artikel Seelengrund, Seelenfünklein, Sp. 381, Autor: Dietmar Mieth.

Gewissen als Instanz, in der wir über uns selbst urteilen. In dieser Tiefe ist die Sehnsucht verankert, als Person ein „Wert" zu sein, der um seiner selbst willen erkannt und geachtet wird. Von dieser Tiefe her ist es möglich, dass der Mensch sein Leben, seine eigene *physische Existenz preisgibt*, wenn es sein Gewissen, sein Selbstwert-Urteil verlangt. Denn das tiefste Verlangen im Menschen ist nicht, zu existieren, sondern vor einem *absoluten* Maßstab zu bestehen. Märtyrer beweisen, dass es so ist. In vielfältiger Weise zeigen es die vielen Menschen, die ihr Leben riskieren, um andere zu retten. In pervertierter Form zeigen es Selbstmord-Attentäter, denen eine Ideologie höheren Selbstwert versprochen hat, wenn sie ihr Leben dafür hingeben. In dieser Tiefenebene berührt der Mensch also schon in seinem irdischen Leben, in seiner Immanenz, die *Transzendenz*, die vierte Dimension seiner Existenz.

Die beschriebenen drei Ebenen in der Tiefendimension menschlichen Lebens – die funktionale, die Gefühls- und Beziehungsebene und die Tiefenebene[11] – stehen *nicht unverbunden* übereinander; sie sind *nicht* gegeneinander *abgeschottet*. Es ist notwendig, dass der Mensch als Ich freien Zugang zu *allen* drei Ebenen gewinnt; dass er „Tiefe" hat und sich nicht nur an der „Oberfläche" funktionalen Agierens bewegt. Von einem solchen Menschen würde man sagen: Er funktioniert nur, er lebt nicht eigentlich. Ein Mensch, der primär in der zweiten Ebene des Fühlens und der Stimmungen lebt, wäre zwar lebendig, aber es würde ihm an Kontinuität fehlen. Er würde von den jeweiligen Stimmungen bestimmt. Im Zusammenleben

---

11 Diese drei Ebenen sind nicht identisch mit den drei Instanzen Ich, Es und Über-Ich des Freud'schen Modells.

mit ihm hätte man den Eindruck, immer wieder einem anderen zu begegnen; er würde keine *Identität* gewinnen. Identität gewinnt der Mensch von der dritten Ebene her. Und ohne Identität gibt es „das eine Leben" nicht.

Die drei Ebenen der Tiefendimension menschlichen Lebens:

1. Funktionale Ebene = Ich agiert als Zentrum des Denkens, Wollens
   und Handelns,
   Dinge und Menschen als „Objekte"
   „Management": Termine, Arbeit, Sachentscheidungen und
   Regelungen …

- -

(durchlässig)

2. Beziehungs- und Gefühlsebene = Ich als Zentrum der Affektivität
   Intersubjektivität = Ich mit
   anderen Ichs,
   angewiesen auf sie und ihnen
   ausgesetzt
   Wir-Ebene: Sehnsucht nach Anerkennung, Geborgenheit,
   Zuwendung
   Gefühle: Freude und Leid, Wut und Angst … bestimmen das Ich.

- -

(nicht abgeschottet, aber schwerer durchlässig)

3. Tiefe, Seelengrund = Wurzelgrund der Identität, des Selbstbewusst-
   seins, der Person,
   des Selbstwertbewusstseins, des Gewissens
   Begleitendes Ich-Bewusstsein, nicht objekthaft, über das Irdische
   hinaus weisend

Wenn die *vielen Entscheidungen*, die wir im Laufe eines Lebens treffen, einen Zusammenhang, *einen Sinn,* gewinnen sollen, dann kann das nur dadurch geschehen, dass sie irgendwie an diese *Tiefenebene* unseres Lebens rückgebunden sind. Wenn diese Verbindung nicht *wirksam* wird in den vielen Entscheidungen des Lebens, dann wacht der Mensch am Ende eines Lebens vielleicht erschreckt auf und entdeckt, dass er zwar auf der funktionalen und sogar auf der Beziehungsebene *vielerlei* entschieden und getan hat, dass es aber kein Ganzes geworden ist und in dem Vielerlei kein Sinn zu finden ist; dass er vielleicht gar nicht das verwirklicht hat, was er *eigentlich* gewollt und gesucht hat. „Was nützt es einem Menschen, wenn er die ganze Welt gewinnt, dabei aber sich selbst verliert und Schaden nimmt?" (Lk 9,25).

Das gilt auch in Bezug auf die Transzendenz-Dimension. Mindestens als Frage danach, ob es ein *Jenseits* der Grenzen irdischer Existenz gibt, gehört sie zu dem einen Leben, das der Mensch nur hat. Der Mensch erlebt ja seine „Kontingenz", seine Zufälligkeit, seine Vergänglichkeit. Er könnte sie gar nicht *erleben*, wenn da nicht der Transzendenz-Bezug als Sehnsucht oder Frage in seiner Seele wäre. Es ist die metaphysische Frage danach, woher er kommt und wohin er geht, die Frage nach einem *Bevor* seiner endlichen Geschichte und nach einem Leben *nach* dem irdischen Tod. Es ist – von der räumlichen Vorstellung her gefragt – die Frage nach dem Dahinter, Darüber oder Darunter unserer irdischen Welt, wie wir sie mit unseren Sinnen und Instrumenten wahrnehmen. Darüber hinaus erlebt sich der Mensch vor einen *absoluten Maßstab* gestellt, sowohl in der Wahrheitserkenntnis als auch im Gewissensurteil, dem er sein eigenes Denken und Reden, sein Tun und Lassen unterworfen sieht. Denn eine Erkenntnis und eine Aussage ist entweder wahr oder nicht wahr, eine Tat ist entweder gut oder wenigstens nicht böse, oder sie ist böse und nicht gut. Innerhalb der Welt, in der alles vergänglich ist, gibt es aber keine Instanz, die *absolute Geltung* beanspruchen könnte. Das eine Leben muss also im Blick auf eine transzendente Instanz hin, auf Gott hin, gelebt werden. Gilt das dann auch für die vielen Entscheidungen, wenn sie Teil dieses einen Lebens werden sollen?

Die Frage nach der Transzendenz hat die Menschen aller Zeiten bewegt. Sie hat in den meisten Kulturen in der Religion eine Antwort gesucht und gefunden. Über Jahrtausende fühlten sich die Menschen bis ins tägliche Leben hinein völlig abhängig von transzendenten Mächten, die über ihr Leben bestimmten. Mit Hilfe religiöser Praxis, mit Opfern und Gebeten, suchten sie diese Mächte für sich günstig zu stimmen. Seitdem sich der Mensch in der Neuzeit durch Wissenschaft und Technik im Stande glaubt, sich selbst zu helfen, erscheint die religiöse Praxis überflüssig. In der Folgezeit, der sogenannten Moderne, meint man in der westlichen Welt ohne eine Antwort auf die Frage nach der Transzendenz auskommen zu können. Im „Säkularismus" wird diese Frage als für die Gesellschaft irrelevant erklärt und in den Privatraum abgedrängt. Es zeigt sich aber, dass die Menschen damit in wachsendem Maß unter „die Diktatur des Relativismus"[12] geraten, weil ihnen die Begründungsmaßstäbe für verbindliche Normen fehlen. Es bleibt dann nur die rein positivistische Setzung dessen, was als Wahrheit zu gelten hat – in Demokratien durch Mehrheitsentscheidung, in Diktaturen durch den Willen des oder der Herrschenden.

---

12 Das Wort wird Papst Benedikt XVI. zugeschrieben, der mit diesem Wort die entscheidende Problematik unserer geschichtlichen Situation beschreibt. Als philosophische Position ist der Relativismus ein Widerspruch in sich, denn er behauptet als für alle geltende Wahrheit, dass eine für alle geltende Wahrheit grundsätzlich nicht erkennbar sei.

5.
Die Identität des Menschen

Wer bin ich eigentlich? Ist diese Frage beantwortet, wenn ich sage: Mann oder Frau, Lehrer oder Arbeiter, Deutscher oder Franzose, Fußballfan oder Musikliebhaber? Alles das gehört zur Identität. Aber ist damit schon viel darüber ausgesagt, wer *ich eigentlich bin*? Bei einer Beerdigung kann man manchmal erleben, dass über den Verstorbenen gesprochen wird. Es wird erzählt, wie ihn der eine oder die andere erlebt hat; es werden Anekdoten ausgetauscht, und dabei entsteht ein Bild des Menschen, ein Bild davon, wer er gewesen ist. Seine Art, auf Menschen zuzugehen, Dinge anzupacken oder eher abzuwarten, Diskussionen anzustoßen oder eher zu vermitteln. Wie hat er sich in bestimmten Situationen verhalten? Für was hat er sich eingesetzt? Was war ihm also wichtig?

Identität des Menschen formt sich als *Geschichte*. An dieser Geschichte *wirkt* der Mensch durch *seine Entscheidungen mit*. Bei größeren Entscheidungen, besonders denen, die wir „Lebensentscheidungen" nennen, ist das offensichtlich, Partnerwahl etwa oder Berufsentscheidungen. Aber eine Partnerschaft will gestaltet werden. Ein Beruf muss gelebt werden. Das geschieht in vielen kleineren Entscheidungen, die das Wie betreffen, wie die einmal getroffene Entscheidung in unterschiedlichen Situationen und Anforderungen konkretisiert wird. Viele Entscheidungen hängen also mit einer bereits getroffenen Entscheidung zusammen, und umgekehrt: eine getroffene Entscheidung muss in vielen Entscheidungen ausbuchstabiert werden, wenn sie verwirklicht werden soll. So zeigt sich von der Identitätsfrage her, dass viele Entscheidungen, die wir im Laufe unseres Lebens treffen, nicht einfach beziehungslos nebeneinanderstehen.

Geschichte ist nicht einfach der Ablauf von Zeit. Denn für den Menschen ist Zeit nicht einfach die Aufeinanderfolge von gleichen leeren Räumen, die durch Ereignisse oder durch sein eigenes Tun und Lassen ausgefüllt werden. Das ist die *materiale* Zeit, die wir mit Uhr und Kalender messen und einteilen – im Griechischen Chronos[13] –, aber nicht das, was für den Menschen Zeit ist. Denn der Mensch *erfährt* Zeiten sehr unterschiedlich: Zeiten der Routine und gewohnheitsmäßiger Abläufe; Zeiten des Wartens und der Sehnsucht; Zeiten, in denen sich etwas verdichtet, Momente, in denen sich eine Sehnsucht erfüllt – im Griechischen Kairos[14] –, oder Zeiten des Leidens, in denen Minuten zu Stunden werden. Identität entsteht nicht kontinuierlich, sozusagen von selbst dadurch, dass Zeit vergeht, sondern eher sprunghaft, indem der Mensch den Kairos ergreift, der ihm geschenkt wird. Auch wenn der Kairos als Geschenk erfahren wird, ist der Mensch an seiner Entstehung beteiligt: Indem er Sehnsucht nicht nur irgendwie hat, sondern sie beachtet und erleidet, wird er bereit, ihre Erfüllung wahrzunehmen und zu erleben. Insofern kommt es also auch auf meine Entscheidung an, ob Zeit einfach abläuft, ohne für meine Identität etwas zu bedeuten, oder ob sie zu *meiner Geschichte* wird, in der ich *Identität gewinne*. Wir werden deshalb gemahnt: „Achtet

---

13 Griechisch: χρονος
14 Griechisch: καιρος

also sorgfältig darauf, wie ihr euer Leben führt; nicht wie Toren, sondern wie Kluge! Nutzt die Zeit" (Eph 5,15–16).

Durch unsere Entscheidungen gestalten wir auch die Welt mit. Wir schreiben Geschichte mit. Auch das gehört zu der Identität, zu der wir werden. Bei großen Persönlichkeiten, die „in die Geschichte eingehen", ist das ganz deutlich. Wer Bismarck z. B. war, wird gewöhnlich mit dem beschrieben, was er als Ministerpräsident und Reichskanzler getan hat. Aber auch jede und jeder von uns kleineren Leuten wirkt mit an dem Gang der Dinge. Durch unser Kaufverhalten, unsere Geldanlagen, unseren Umweltverbrauch, unser Reden und Schweigen, d. h. durch unsere Entscheidungen sind wir nicht nur machtlose Opfer, sondern Mitgestalter der Geschichte; denn die „großen Leute" allein vermögen nicht viel zu bewegen, wenn es nicht die Vielen gäbe, deren Hoffnungen und Ängste sie intuitiv erspüren und die dann ihren Impulsen und Parolen folgen.

An den beiden Beispielen Partner- und Berufswahl zeigt sich auch, dass eine getroffene Entscheidung die *Möglichkeiten einschränkt*, die wir noch haben: Wer einen bestimmten Menschen geheiratet hat, hat damit andere Menschen als EhepartnerInnen ausgeschlossen. Wer einen bestimmten Beruf durch Ausbildung gewählt und durch Anstellung oder Firmengründung auszuüben begonnen hat, hat damit andere Möglichkeiten ausgeschlossen, zumindest für einige Zeit. Grundsätzlich gilt: Vor einer Entscheidung habe ich noch *mehrere Möglichkeiten* – wenigstens zwei: eine mögliche Sache zu wählen oder sie nicht zu wählen. Durch die Entscheidung *verliere* ich *alle außer der einen*, die zu verwirklichen ich mich entschieden habe. Aufs Ganze des Lebens bezogen heißt das, dass mit fortschreitenden

Entscheidungen die Zahl der Möglichkeiten abnimmt, während die Identität an Kontur gewinnt und aus dem, was vorher nur Möglichkeit war, *Wirklichkeit* geworden ist. Ich habe *mich* mehr verwirklicht.

Tatsächlich schließen viele Entscheidungen, die wir treffen, die nicht gewählten Möglichkeiten *nur für den Augenblick* aus. Was wir heute nicht wählen, können wir vielleicht morgen wählen. So ist uns Zeit geschenkt, Zeit zu experimentieren, Spielraum des Lebens. An Kindern kann man ablesen, dass Spielen eine ernste Angelegenheit ist. Es sind nicht nur Unternehmen und Beziehungen als Einsatz im Spiel, sondern *ich selbst* stehe auf dem Spiel. Das Spiel spielt mit mir und hinterlässt Spuren in mir. Auf diesem Weg lerne ich und werde erfahren. Wenn ich aber immer nur *dasselbe* Spiel wiederhole und dabei nur die Objekte, Menschen und Dinge auswechsle, über die ich entscheide, gibt es keinen Fortschritt, wächst keine Erfahrung, verwirklicht sich keine Identität.

Für das Kind ist noch vieles offen; es entscheidet sich erst im Laufe des Lebens, was für ein Mensch es sein wird. Mit jeder Entscheidung, die der Mensch trifft, wirkt er an seiner Geschichte und an der Geschichte der Welt mit. Dadurch gewinnt er immer mehr seine unverwechselbare *Identität*. Mit jeder Entscheidung *buchstabiert* er diese Identität *weiter aus* und sagt, wer er sein und wer er nicht sein will. Das neugeborene Kind hat die meisten Möglichkeiten und die wenigste Wirklichkeit. „Was wird wohl aus diesem Kinde werden?", fragen die Leute bei der Geburt Johannes des Täufers (Lk 1,66). Im Tod verliert der Mensch alle weiteren Möglichkeiten und hat die Identität verwirklicht, zu der er *durch seine Geschichte* geworden ist. Bei Johannes dem Täufer feiern wir beides: seine Geburt (am 24. Juni) und seinen Tod (am 29. August), die Verheißung seiner Sendung und deren Vollendung als Märtyrer.

Weil unser Leben begrenzt ist und auf ein definitives Ende zugeht, kommt jedem Augenblick unseres Lebens Einmaligkeit zu. Das gilt besonders für unsere Entscheidungen. An dem Platz und zu dem Zeitpunkt, an dem eine Entscheidung getroffen – oder nicht getroffen – wird, ist sie unabänderlich, und ich, der sie getroffen hat, bin unvertretbar. Dass unser Leben auf den Tod zuläuft, verleiht jeder Entscheidung, auch wenn sie klein scheint, Bedeutung; und weil der Zeitpunkt, in dem ich sie zu treffen habe, in der Geschichte meines Lebens einmalig ist, eine *einmalige* Bedeutung und damit einen einmaligen Wert. Denn in jeder Entscheidung *verabschieden* wir die nicht gewählten Möglichkeiten und legen uns fest. Wo wir diesen Schritt nicht tun, ist eine Entscheidung noch nicht definitiv getroffen. Wir liebäugeln noch damit, sie zu revidieren, falls sie uns zu schmerzlich würde. Sie hat dann noch eine gewisse Vorläufigkeit. Wir sind noch nicht mit ganzem Herzen dabei, das zu verwirklichen, wozu wir uns entschieden haben.

Für den Moment der Entscheidung gilt: Dies will ich *jetzt* und alles, was auch noch möglich wäre, will ich jetzt *nicht*; so will ich *jetzt sein* und nicht anders. Indem wir uns zu einer bestimmten Tat, einem bestimmten Wort entscheiden, sterben wir allen anderen Möglichkeiten. Entscheiden hat also *mit Tod zu tun*. Er hebt jeden Moment unseres Lebens aus der Beliebigkeit heraus und verleiht ihm *einmaligen* Wert. So erweist sich der Tod nicht als Feind des Lebens. Weil wir nicht über den Zeitpunkt des Todes und seine Umstände bestimmen können, ist es weise, mit ihm jederzeit zu rechnen und so jede Entscheidung im Angesicht des Todes zu treffen.[15] So wie wir beten: „Heilige Maria, Mutter Gottes, bitte für uns Sünder jetzt und in der Stunde unseres Todes, Amen."

---

15 Siehe dazu die Anleitung, die Ignatius gibt: EB 186 und 187.

6.

Entscheiden wir nur, wenn wir eine Wahl haben?

Mit der Frage, ob wir nur entscheiden, wenn wir eine *Auswahl* zwischen verschiedenen Möglichkeiten haben, ist das Thema *Freiheit* angesprochen. Seit Beginn der Neuzeit ist Freiheit immer mehr zum leitenden Ideal der Menschen geworden. Die gesellschaftliche Entwicklung in Europa ist seither vom Drang nach mehr Freiheit und Selbstbestimmung für alle Menschen bestimmt. Dabei wird Freiheit vor allem als Freiheit *von äußerem Zwang* und einengenden Strukturen verstanden. War im Mittelalter das Leben des Einzelnen weitgehend von seiner familiären Herkunft und seinem gesellschaftlichen Stand bestimmt, so werden seit Beginn der Neuzeit alle dem Einzelnen vorgegebenen Institutionen und Strukturen, Normen, Sitten und Traditionen in wachsendem Maße hinterfragt und so weit möglich beseitigt, damit alle Menschen möglichst uneingeschränkt ihr Leben *selbst frei* bestimmen können.

Für unsere Identität sind aber viele Faktoren bestimmend, für die wir uns *nicht entschieden haben*. Das beginnt schon damit, dass wir nicht gefragt worden sind, ob wir leben wollen; wir sind ins Leben „geworfen", wie es von Philosophen ausgedrückt wurde. Wir konnten unsere Eltern nicht wählen, nicht die geschichtliche Zeit und Situation, in die hinein wir geboren wurden, nicht Land und Ort und damit Kultur und Gesellschaft, in denen wir aufgewachsen sind. Auch im weiteren Verlauf unseres Lebens gibt es vieles, was uns prägt und formt, was wir nicht gewählt haben, z.B. Krankheit und Naturereignisse und vor allem das Echo und die Reaktionen, die unser Verhalten und unsere Entscheidungen bei anderen hervorrufen. Von dem vielen, was unser Leben bestimmt, haben wir nur den *kleineren Teil* selbst entschieden. Hat der andere, größere Teil also mit unserem Thema Freiheit und Entscheiden nichts zu tun?

Dass das nicht so ist, kann man bei Menschen wahrnehmen, die, wie wir sagen, ein schweres Schicksal durch Krankheit, Unglücksfall oder Krieg zu tragen haben. Es macht einen Unterschied aus, wie sie zu diesem ihrem Schicksal stehen. Manche hadern ihr Leben lang damit und sind verbittert; andere haben – vielleicht nach einem langen Weg des Ringens – Versöhnung gefunden und strahlen bewundernswerten Frieden aus. Wir sagen dann: Sie haben ihr Schicksal „bewältigt", ihren Unglücksfall „aufgearbeitet". Es scheint also auch im Umgang mit dem, was einem *vorgegeben und zugemutet* worden ist, eine Stellungnahme, eine Art Entscheidung zu geben, die für die eigene Identität von wesentlicher Bedeutung ist.[16]

Die freie Auswahl zwischen verschiedenen Möglichkeiten ist also nur *eine* der Weisen, wie Freiheit realisiert werden kann. Auch dort ist unsere Freiheit angefordert, wo wir keine *Wahl* haben, wo meine Freiheit „nur" darin

---

16 Hier liegt die große Bedeutung der von Sigmund Freud entwickelten Psychoanalyse. Er entdeckte, dass Menschen dazu neigen, schmerzliche Erfahrungen ihres Lebens, v. a. ihrer Kindheit, zu „verdrängen"; dadurch wird ihr Identitätsweg belastet, weil die verdrängten Inhalte *unbewusst ihre Entscheidungen steuern*, indem sie ihre Motivwelt unerkannt bestimmen. Die Therapie versucht, diese Erfahrungen bewusst zu machen, so dass sich der Mensch ihnen stellen kann und sie so in seinen Identitätsweg zu integrieren vermag.

besteht, dass ich mich entscheide, zu dem ja zu sagen, was *mir vorgegeben* ist, und in den dadurch begrenzten Möglichkeiten mein Leben zu leben. Diese Art Freiheit ist *antwortende Freiheit.* Sie antwortet auf eine andere Freiheit, die über mich entschieden hat. Das gilt ganz elementar für mein Leben. Ich bin Geschöpf; ein anderer, Gott der Schöpfer, hat in seiner schöpferischen Freiheit entschieden, mich zu wollen. Er hat die Eltern ausgewählt, die mir das Leben geschenkt haben, und die Zeit und Gesellschaft, in die ich hineingeboren worden bin. In der Gestaltung meines Lebens, mit meinen Entscheidungen *antworte ich* auf diese *Vorgabe*, die Gott mir gemacht hat, indem er mich ins Dasein gerufen und mich mir anvertraut hat.

Seine Vorgabe besteht aber nicht nur in meiner bloßen Existenz; denn mit meinem Dasein stehe ich nicht im leeren Raum. Ich bin in einen Zusammenhang hineingestellt, der eine Struktur, eine *Ordnung* hat. Als leibseelisches Geschöpf bin ich Gesetzmäßigkeiten unterworfen; als Mitgeschöpf mit anderen Geschöpfen, vor allem Mitmenschen, sind mir Regeln vorgegeben, eine *Schöpfungsordnung.* Sie sind so etwas wie eine Gebrauchsanweisung, die ich im Umgang mit mir selbst und meinen Mitgeschöpfen zu beachten habe. Wenn ich sie nicht befolge, geht etwas kaputt. Ich und andere leiden dann an den Folgen. Um es an einem Beispiel zu verdeutlichen: Eine Frau, die schwanger geworden ist, hat zwar die Macht, das empfangene Kind abzutreiben, d.h. zu töten, aber die Schöpfungsordnung macht klar, dass dieses Kind, ein anderer Mensch, nicht ihr Eigentum ist, über das sie verfügen kann, sondern ihr anvertraut ist, damit sie es durch die Schwangerschaft und Geburt ins eigenständige Leben bringt und auf diese Weise am Schöpferhandeln Gottes mitwirkt.

Meine *geschöpfliche* Freiheit ist also antwortende Freiheit in *zweierlei* Hinsicht: Einmal gilt es *anzunehmen*, was mir ohne Wahlmöglichkeit zugemutet und vorgegeben ist, zum anderen, in meiner Wahlfreiheit die Schöpfungsordnung *einzuhalten*, die mir als Rahmenordnung vorgegeben ist. Auch meine Wahlfreiheit hat also einen antwortenden Aspekt. Und in beiden Fällen ist meine Entscheidung gefordert, zu der Vorgabe ja zu sagen.

Damit ich die Schöpfungsordnung in *antwortender* Freiheit einhalten kann, bedarf es der *inneren Freiheit* gegenüber dem, was sich an *Motiven* in mir regt, wie wir gesehen haben.[17] Im Beispiel der schwangeren Frau: Wenn sie der Angst, dass durch die Geburt des Kindes ihre Beziehung zu einem bestimmten Mann publik wird, nicht widerstehen kann, vermag sie der Schöpfungsordnung nicht zu gehorchen. So tritt neben die Unterscheidung von *antwortender* Freiheit und *Wahlfreiheit* die Unterscheidung von *äußerer Freiheit* (Freiheit von äußerem Zwang) und *innerer Freiheit* (Freiheit den inneren Motiven gegenüber). Menschliche und damit geschöpfliche Freiheit ist im dargelegten Sinn antwortende Freiheit und deshalb von der göttlichen, voraussetzungslosen Freiheit zu unterscheiden. In der öffentlichen Diskussion heute wird meist nicht zwischen den verschiedenen Formen von Freiheit unterschieden; fast

---

17 Siehe oben Kapitel 2: „Die drei Gegenstandsbereiche einer menschlichen Entscheidung". Das Thema „innere Freiheit" spielt in den Exerzitien des Ignatius eine Schlüsselrolle und wird in Kapitel 10: „Der Wachstumsprozess in der Liebe nach dem Exerzitienbuch des Ignatius" noch einmal aufgegriffen.

immer geht es nur um die Freiheit von äußerem Zwang, die damit zur Freiheit schlechthin gemacht wird.

Innerhalb des Rahmens der Schöpfungsordnung ist der Mensch eingeladen, sein Leben in die Hand zu nehmen und zu gestalten, aus den Möglichkeiten, die er erkennt, auszuwählen und so immer mehr Identität zu gewinnen. In diesem Sinne „ist er seines Glückes Schmied". Er ist zwar nicht sein eigener Schöpfer, wohl aber ist er auch darin Abbild Gottes, dass er *kreativ*, schöpferisch, sein Leben und die Welt *mit-gestalten* soll. Die Erweiterung des Freiheitsraums für den Einzelnen seit Beginn der Neuzeit ist in diesem Sinn ein Gewinn. Es kann aber nicht das *letzte Ziel* des Menschen sein, eine *möglichst uneingeschränkte* Wahlfreiheit in der Gestaltung seines Lebens zu haben und zu behalten. Auch das Bestreben, sich möglichst lange und möglichst viele Möglichkeiten offenzuhalten und sich durch Bindungen nicht festzulegen, ist verfehlt. Denn auf diese Weise würde der Mensch keine Identität gewinnen. Er würde ein Leben lang unentschieden zwischen vielerlei Möglichkeiten hin und her schwanken. So würde er leicht zum Spielball der Mächte werden, die ihn – z.B. durch Werbung – für ihre Zwecke auszunutzen suchen.

Im Tod haben wir keinen Spielraum mehr für Entscheidungen, es geht nur noch um die *eine Entscheidung*: das Ende meines irdischen Lebens anzunehmen, dazu ja zu sagen. Die Wahlfreiheit ist an ihr Ende gekommen, es geht nur noch um Antwort. Genauso wie ich nicht wählen konnte, ob ich existieren will, kann ich auch nicht wählen, ob ich sterbe. Ich kann nur mein Leben zurückgeben mit der Identität, die ich durch meine Lebensgeschichte gewonnen habe. Wer also meint, über den Tod in freier Selbstbestimmung verfügen zu können, verkennt die grundlegende Wahrheit menschlicher Existenz als geschenkte und nicht selbst gemachte.

Wenn wir die beiden Formen von Freiheit, die *Wahlfreiheit* zwischen verschiedenen Möglichkeiten einerseits und die auf vorgegebene Verfügungen *antwortende Freiheit* andererseits, zusammen betrachten, dann wird klar, dass die antwortende Freiheit die *grundlegendere* Freiheit ist. Sie ist grundlegender, weil sie die Vorgabe des *Lebens als Ganzes* und weil sie die *letzte* Stellungnahme zu diesem Ganzen meines Lebens betrifft. Die Wahlfreiheit erhält ihren Rang und ihre Bedeutung daraus, *dass* sie sich und *wie* sie sich jeweils in die antwortende Freiheit *einfügt*. Sie tut dies zunächst dadurch, dass sie in ihren Entscheidungen die Schöpfungsordnung als vorgegebenen Rahmen beachtet. Die Wahlentscheidungen werden schon dadurch zu einem Teil der Antwort auf die Gabe des Lebens. Darüber hinaus gewinnt die eigene Identität durch Wahlentscheidungen ihre einmalige Gestalt. Dabei kommt der Frage, wer ich sein will, entscheidende Bedeutung zu. Das kann sich zuspitzen: Märtyrer sind Menschen, die sich entschieden haben, lieber zu sterben, als die Identität, zu der sie sich entschieden haben, zu verleugnen.

Die verschiedenen Arten von Freiheit schematisch auf-
gefächert:

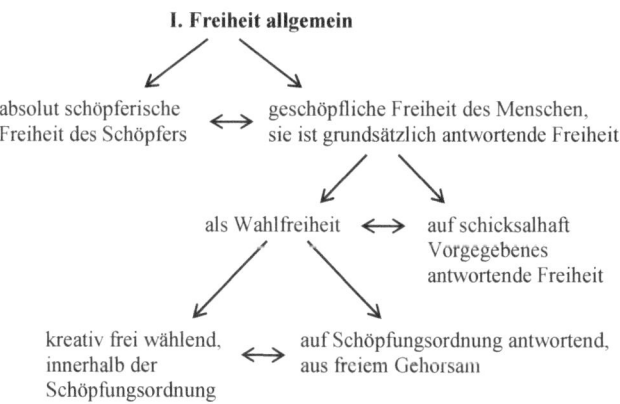

I. Freiheit allgemein

absolut schöpferische ←→ geschöpfliche Freiheit des Menschen,
Freiheit des Schöpfers sie ist grundsätzlich antwortende Freiheit

als Wahlfreiheit ←→ auf schicksalhaft
Vorgegebenes
antwortende Freiheit

kreativ frei wählend, ←→ auf Schöpfungsordnung antwortend,
innerhalb der aus freiem Gehorsam
Schöpfungsordnung

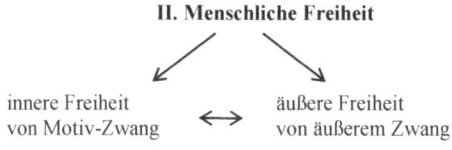

II. Menschliche Freiheit

innere Freiheit ←→ äußere Freiheit
von Motiv-Zwang von äußerem Zwang

7.
Die eine Lebensentscheidung als Glaubensentscheidung

Aus den in Kapitel 5 und 6 entwickelten Einsichten in die menschliche Existenz ergibt sich, dass es *letztlich* im Leben um *eine* Entscheidung geht: das Geschenk des Lebens mit seinen Möglichkeiten *anzunehmen* und auf die Gabe des Lebens mit einem *Ja zu antworten* und *bereit* zu sein, es durch die zu treffenden Wahlentscheidungen zu *gestalten*. Alle anderen Entscheidungen, sowohl solche antwortender Freiheit wie solche der Wahlfreiheit, sind *Teil* dieser einen Entscheidung. Diese *eine* Entscheidung, um die es in diesem einen Leben geht, muss *dort auf der Ebene* getroffen werden, wo der Mensch *ganz er selbst* und *ganz eins* ist.[18] Nur von dort her vermag er ganz und definitiv zu antworten. Sie muss also in der Tiefe, im Grund der Person, getroffen werden oder wenigstens verankert sein. Man spricht deshalb auch von „Grundentscheidung".[19]

----

18 Siehe Kapitel 4: „Die Dimensionen und Ebenen menschlichen Lebens".

19 „Die Grundoption ist ihrer Natur nach mehr als ein einzelner Akt, der irgendwo sporadisch in unserem Leben auftaucht. Sie ist mehr als eine ausdrücklich erneuerte gute Meinung, die einem bewussten Akt seine Zielrichtung gibt. Sie ist vielmehr die in allen Einzelakten durchgehaltene Aktivierung unserer tiefsten Freiheit. … Die Grundoption ist Verwirklichung einer tiefen Selbsterkenntnis und der Freiheit in der Tiefenschicht, wodurch sich eine Person grundsätzlich entscheidet und bindet….Ob der sich so Entscheidende sich dessen bewusst ist oder nicht, in der Grundoption offenbart sich die Fähigkeit des Menschen für das Ewige, die Fähigkeit, sich für oder gegen Gott zu

Weil der Mensch diesen Grund aber nicht wie ein Objekt „hat", ist auch nicht auszumachen, *wann* – im Sinne eines objektivierbaren Zeitpunkts – und *wie* – im Sinne eines psychologisch beschreibbaren Vorgangs – er diese eine Entscheidung trifft.

Es kann allerdings sein, dass von den Umständen und Ereignissen her, in die ein Mensch hineingerät, sich das Leben gleichsam zusammenballt; die Wucht der dadurch an den Menschen gestellten Herausforderung kann dann derart sein, dass sich die Zeit zum Zeitpunkt verdichtet, wo alles in einem Augenblick auf dem Spiel steht und der Mensch in der Tiefe bis zum Grund aufgerissen wird. Das ist z.B. der Fall, wenn es darum geht, durch den eigenen Lebenseinsatz jemanden zu retten. Oder wenn es darum geht, etwas, was in sich böse ist, nicht zu tun, auch wenn diese Verweigerung unabsehbare Folgen hat. Ebenso kann es dazu kommen, dass ein Mensch sich herausgefordert sieht, sich zur Wahrheit zu bekennen, wo Schweigen Einverständnis mit der Lüge wäre; das ist die Situation des Martyriums, auch wenn es nicht immer blutig ist. Die eine Lebensentscheidung, die vorher gleichsam im Mutterschoß am Heranwachsen gewesen ist, bricht dann wie eine Geburt hervor und tritt plötzlich ans Licht.[20]

---

entscheiden." (Bernhard Häring, Frei in Christus, Band I, Freiburg 1979, S. 175).

20 In diesem Sinn hat Papst Johannes Paul II. in seiner Enzyklika „Veritatis splendor", Nr. 65–70, zum Konzept von der „Grundentscheidung" einerseits anerkannt, dass die moraltheologische Bewertung einer konkreten Entscheidung nicht nur vom Objekt dieser Entscheidung (z.B. ein Ehebruch) abhängt, sondern auch davon, wie weit jemand als Person – in meiner Terminologie: in welcher Tiefe – er dabei engagiert ist. Andererseits warnt er davor, nicht mehr damit zu rechnen, dass durch ein konkretes Wort, eine konkrete Tat die Identität eines Menschen bis in die Tiefe hinein zum Heil oder

Aus den bisher entwickelten Einsichten ergeben sich drei Fragen:

1. Lässt sich diese eine Entscheidung in ihrem *Gegenstand* näher bestimmen?
2. Wie *entsteht* diese eine Entscheidung im Laufe des Lebens?
3. Wie können die vielen Entscheidungen, die ein Mensch im Laufe seines Lebens trifft, zu einem *Teil* dieser *einen* Entscheidung werden?

Um die eine Entscheidung, um die es im Leben geht, *inhaltlich* zu bestimmen, ist von ihrem *Antwort-Charakter*[21] auszugehen. Damit ist das menschliche Leben als *dialogisches Geschehen* angesprochen. Der entscheidende Dialogpartner des Menschen ist Gott, der ihn ins Dasein gerufen und zur Antwort berufen und befähigt hat. Auch wenn ein Mensch sich nicht zu einem personalen Gott bekennt, also in diesem Sinne Atheist ist, kann er dennoch nicht leugnen, dass sein Leben Antwort, Reaktion auf eine *Vorgabe*, eine Aktion, ist, die nicht von ihm selbst ausgegangen ist, sondern deren Empfänger oder Opfer er vielmehr geworden ist. Wie wir gesehen haben, gilt das nicht nur für die pure Existenz, sondern für alles, was dem Menschen als Schicksal angeboten und zugemutet wird und sein Leben in großem Umfang situiert und bestimmt.

Unheil dieses Menschen verändert werden kann. Er schreibt: „Die Grundorientierung kann also durch konkrete Einzelhandlungen völlig umgeworfen werden" (Nr. 70).

21 Siehe Kapitel 6: „Entscheiden wir nur, wenn wir eine Wahl haben?", vor allem letzter Absatz, in dem aufgezeigt wurde, dass die antwortende Freiheit die Wahlfreiheit umfasst.

Gott hat den Menschen als Person geschaffen, d.h. er hat ihn als *freien* Dialogpartner gewollt. Deshalb impliziert die Vorgabe des Lebens die *Frage* an den Menschen: *Willst du annehmen, was dir vorgegeben ist? Sagst du ja dazu? Und nimmst du die *Wahrheit* an, dass es dir gegeben ist und du es nicht selbst gemacht hast? Willst du unter ihren Bedingungen dein Leben gestalten?* Es sind echte Fragen. Die Antwort kann ja oder nein sein. Das Nein schafft aber die Tatsache nicht aus der Welt, dass das Vorgegebene *gegeben* ist und nicht einfach getilgt oder willkürlich verändert werden kann. Das Wort „Opfer" weist darauf hin, dass je nach Schicksal das Ja schwer sein kann.

Kinder beantworten die gestellte Frage mit ihrem spontanen Lebenswillen positiv. Es ist ihnen ein selbstverständliches Vertrauen in das Leben mitgegeben, auch wenn dieses Vertrauen manchmal von den familiären Bedingungen her und von der Situation, in denen sie aufwachsen, erheblich beeinträchtigt ist. Das Evangelium erinnert uns daran, wenn es sagt: „Wer das Reich Gottes nicht so annimmt wie ein Kind, der wird nicht hineinkommen" (Mk 10,15). Selbst wenn die Verhältnisse, in die Kinder hineingeboren worden sind, sehr ärmlich oder sogar lebensfeindlich sind, zeigt sich dieser Lebenswille in oft erstaunlichen Überlebens-Strategien, die sie entwickeln. Später aber, wenn sie heranwachsen und zu hinterfragen beginnen, was mit ihnen geschehen ist und geschieht, müssen sie *bewusst* Stellung nehmen und bewusst *entscheiden*, wie sie ihr Leben gestalten und auf ihr Schicksal antworten. Aus dem spontanen, mit der Existenz mitgegebenen Lebenswillen muss eine bewusste Bejahung des Lebens mit seinen vorgegebenen Bedingungen werden, wenn Leben gelingen soll. Wie das geschieht, ist offen. Aber die Frage steht und bleibt bis an das Lebensende bestehen. Die Geschichte des Lebens ist im Wesentlichen die *Geschichte dieser Antwort*.

Wenn sich für jemand das Leben, wie er es mit den Vorgaben von Elternhaus, Gesundheit, Begabungen und Umfeld erfährt, gut anfühlt, wird es ihm vermutlich leicht fallen, dazu ja zu sagen. Aber dieses Ja könnte oberflächlich bleiben, ohne große Bewusstheit von Entscheidung und ohne Verankerung in der Tiefe menschlicher Existenz. Bei jemandem, der andere Lebensbedingungen vorgefunden hat, wird das wohl anders sein. Die Frage, ob denn das Ganze etwas Gutes ist oder eher nur Last, ob er beschenkt oder eher Opfer ist, wird dann zur unabweisbaren Frage. Der Mensch muss sich damit auseinandersetzen; er muss um ein Ja ringen.

Die Frage ist letztlich eine *Glaubensfrage*.[22] Denn es gibt keinen Beweis, keine Rechnung, die unbezweifelbar macht, dass das geschenkte Leben gut ist; dass es eine gute Macht ist, die einen ins Leben geworfen hat und die hinter allem steht. Und weil es um das Ganze des Lebens geht, ist es *die* Frage meines Lebens schlechthin. Ich kann ihr letztlich nicht ausweichen. Ich kann die Antwort zwar hinausschieben, mich ihr lange Zeit entziehen, einmal aber muss ich sie beantworten.

Diese Glaubensfrage ist – genauer betrachtet – eine dreifache Frage: 1. Glaubst du, dass das Leben in den Bedingungen, in denen es dir gegeben ist, eine *Chance*, ein echtes

---

22 „In seinem theologalen Wesen meint Glauben den *religiösen Grund- und Heilsakt der menschlichen Existenz überhaupt,* der sich in der personalen Hinwendung zu Gott als der alles und alle bestimmenden, richtenden und erlösenden Macht ereignet." LThK³, Artikel Glaube, IV. Systematisch-theologisch und theologiegeschichtlich, Spalte 673, Verfasser Max Seckler (Hervorhebung vom Verfasser).

Geschenk, ist? Diese Frage begleitet den Menschen von Anfang an durch das Leben hindurch und ist die geheime
Grundfrage hinter allen Einzelentscheidungen, mit denen
er sein Leben gestaltet. 2. Willst du *dich mir* – Gott, der
Macht, die es dir anvertraut hat – *anvertrauen*? Diese Frage
wird dringlich, wenn du die Begrenzung deiner Macht
erfährst, besonders wenn du loslassen und dich (im Tod)
aus der Hand geben musst. 3. Erkennst du damit an, dass
es einen *Gott-Schöpfer gibt*, dem du dich (und alles) *verdankst*
und dem deine Antwort gilt? An der Antwort auf diese
Frage entscheidet sich, ob das Leben eines Menschen ein
Dialog mit einem Du wird – nicht nur mit menschlichen
Dialogpartnern, sondern in allem, was er entscheidet, auch
mit dem, der ihm das Leben anvertraut hat.

Die eine Entscheidung, um die es im Leben geht, ist also
inhaltlich als Entscheidung *zum Glauben* zu verstehen.[23]
Glauben sowohl im Sinne von „einer Wahrheit Glauben
schenken" wie im Sinne von „mich jemandem anvertrauen". Beides meint das Glaubensbekenntnis, wenn es
formuliert: „Ich glaube *an* Gott." Ich sage damit, dass ich
glaube, dass es einen Gott gibt, und darüber hinaus, dass
ich mich diesem Gott anvertraue.

---

23 So auch die Enzyklika „Veritatis splendor": „Es handelt sich um
   die *Entscheidung des Glaubens*, um den *Gehorsam des Glaubens* (vgl.
   Röm 16,26)" (Nr. 66, Hervorhebung im Text der Enzyklika).

8.
Zum Zusammenhang dieser Glaubensentscheidung mit dem christlichen Glauben

Die bisher erläuterte Glaubensfrage scheint zunächst nichts zu tun zu haben mit dem, was man im *christlichen* Kontext als Glauben versteht. Christlicher Glaube ist doch der Glaube an den Gott, der sich in der *Geschichte Israels* und in Jesus Christus, einer *konkreten Person* der *Geschichte*, offenbart hat; in der Glaubensfrage, wie sie bisher formuliert worden ist, ist aber die Rede weder vom Gott Israels noch von Jesus Christus. Die bisher angesprochene Glaubensfrage fragt nicht nach *bestimmten Heilstaten* Gottes, die vergangen sind und die gottesdienstlich gefeiert werden. Sie fragt vielmehr *grundsätzlicher* und umfassender nach dem *Sinn des Ganzen* von Leben und Existenz. Wie könnte sie also durch *einzelne* Personen und Ereignisse *in* der Geschichte beantwortet werden? Sie fragt nach einem Glauben, der darauf *hofft*, dass im *eigenen* Leben Heil geschieht. Als Antwort scheint deshalb ein *anonymer* Glaube zu genügen, ein Glaube an „eine Macht, größer als wir selbst", wie es die anonymen Alkoholiker formulieren.[24] Gerade ihr Beispiel zeigt, wie *lebensrelevant* ein solcher

---

24 "2. Wir kamen zu dem Glauben, dass eine Macht, größer als wir selbst, uns unsere geistige Gesundheit wiedergeben kann. 3. Wir fassten den Entschluss, unseren Willen und unser Leben der Sorge Gottes – wie wir ihn verstanden – anzuvertrauen" (Anonyme Alkoholiker – Information für die Öffentlichkeit, S. 5: Die zwölf Schritte, 2. und 3.).

Glaube sein kann. Er vermag in der verzweifelten Situation von Alkohol-Abhängigkeit die Kraft zu mobilisieren, der beschämenden Wahrheit des eigenen Scheiterns ins Gesicht zu sehen und Hilfe anzunehmen. Umgekehrt bleibt expliziter christlicher Glaube oberflächlich, wenn er nicht zur Antwort auf diese grundlegende Glaubensfrage wird. Es mag zwar dogmatisch richtig sein, wenn jemand sagt: „Ich glaube an Gott, den Vater, den Allmächtigen, den Schöpfer des Himmels und der Erde"[25]; aber es ist damit noch nicht gesagt, ob dieser Glaube *existentielle Bedeutung* für das eigene Leben hat oder nur die Wiedergabe eines Glaubens-*Wissens* ist, das man gelernt hat.

Wie mir scheint, ist die Brücke zwischen diesem anonymen und dem ausdrücklich christlichen Glauben im Evangelium selbst zu entdecken: Jesus sagt nämlich manchmal nach einer Heilung zu der geheilten Person: „Dein Glaube hat dich gerettet".[26] Welchen Glauben meint Jesus damit? Es kann noch nicht der volle christliche Glaube an „unseren großen Gott und Retter Christus Jesus" (Tit 2,13) sein; denn dieser Glaube ist erst nach der Auferstehung Jesu möglich. Außerdem verweist Jesus *von sich weg*, wenn er sagt: „*Dein* Glaube hat dich gerettet." Welche Rolle spielt Jesus dann im Heilungsgeschehen?

Jesus verweist von sich weg, weil er nicht der Heiler sein will, als den ihn die Leute gerne hätten. Denn es

---

25 Apostolisches Glaubensbekenntnis.
26 Mk 5,34 (parallel Mt 9,21; Lk 8,48); Mk 10,52 (Parallel Lk 18,42); Lk 7,50; Lk 17,19. Die Einheitsübersetzung (Version 1979) übersetzte an diesen Stellen: „Dein Glaube hat dir *geholfen*." Die revidierte Einheitsübersetzung (2016) übersetzt richtiger „hat dich *gerettet*", weil sie der weiten Bedeutung von σωζειν besser gerecht wird, die über das konkrete Faktum der Heilung hinaus auf das umfassende Heilsgeschenk hin offen ist.

geht Jesus um mehr als darum, die Nöte der Menschen zu beheben. Wenn er nur ein Wunderheiler wäre, wäre er nur ein Lebens-*Verbesserer*, aber nicht ihr Erlöser.[27] Er hat keine *eigene* Macht. Er hat nur Teil an der Macht des Vaters und kann sie nur dem Willen des Vaters gemäß einsetzen. Es geht ihm darum, dass die Menschen *den Vater* als den liebenden Gott erkennen, der alle Macht hat, und dass sie sich ihm so anvertrauen, wie es Jesus selbst tut und ihm selbstverständlich ist.[28] Er will die Menschen *in sein* Sohnes-Verhältnis zum Vater hineinführen. Deshalb bezeichnet er sich in den Heilungen nicht als Urheber der Heilung; er wirkt vielmehr wie ein *Katalysator*, der durch seine liebende Gegenwart den existentiellen Glauben im Heilung-Suchenden *erweckt*, so dass dieser sich öffnet für *Gott, den Allwirkenden* und Allgütigen, der es ist, der an ihm die Heilung vollbringt. Es ist also *dieser Hoffnungs-*Glaube, von dem oben die Rede war,[29] die den Heilung-Suchenden zu Jesus geführt hat. Dieser Glaube ist in ihm *erwacht*, als er von Jesu Verkündigung, seiner liebenden Zuwendung zu den Menschen und den Heilungen gehört hat, die sich in Jesu Gegenwart ereignet haben. Mit seiner Entscheidung, zu Jesus zu gehen oder sich zu ihm bringen zu lassen, hat dieser Mensch die *Glaubensfrage* seines Lebens aufgenommen und sie in seiner aktuellen Situation *positiv beantwortet.*

---

27 Deshalb zieht Jesus sich in der Mitte seines öffentlichen Wirkens nach der Brotvermehrung zurück: „Da erkannte Jesus, dass sie kommen würden, um ihn in ihre Gewalt zu bringen und zum König zu machen. Daher zog er sich wieder auf den Berg zurück, er allein" (Joh 6,15).

28 Deshalb heißt es bei seinem Besuch in seiner Heimatstadt, wo man ihn ablehnte: „Und er wunderte sich über ihren Unglauben" (Mk 6,6).

29 Siehe erster Absatz dieses Kapitels.

Im Geheilten ist dadurch *mehr* geschehen, als dass seine Gesundheit wiederhergestellt worden ist. Jesus hat ihm dazu verholfen, dass die Antwort auf die *Glaubensfrage seines Lebens*, die vorher vielleicht vage in ihm schlummerte, *existentiell und aktuell* ausgedrückt werden konnte. Als Israelit hatte er zwar auf Jahwe, den Gott Abrahams, Isaaks und Jakobs, hoffen können, aber ob und wie dieser Gott in *seinem* konkreten Leben an ihm wirken wird, das war offengeblieben.[30] Jesus hat ihm ermöglicht, Gott als den liebenden, rettenden Vater zu *erfahren*. *Diesen Gott* hat der Hoffnungsglaube, der ihn dazu gebracht hatte, bei Jesus Heilung zu suchen, ja implizit gemeint; aber er konnte ihn noch nicht als den „Vater Jesu Christi" benennen.

Die Heilungen im Wirken Jesu zeigen auf, dass Gott das Paradies, in dem es keine Krankheit und keinen Tod gab, nicht aufgegeben hat, sondern neu errichten will. Die Dämonenaustreibungen demonstrieren, dass *jetzt* „das Reich (d.h. die Herrschaft)[31] Gottes nahe herbeigekommen ist" (Mk 1,15)[32] und die Herrschaft der Schlange überwunden wird.[33] Indem durch die Begegnung mit Jesus in Menschen der existentielle Hoffnungs-Glaube lebendig wird, öffnen sie sich für Gott; so dass er an ihnen *jetzt* Heil, Rettung, zu wirken vermag. Sie haben den Kairos, die

---

30 Es gab auch Heiden, die Jesus um Heilung gebeten haben: Der „Hauptmann von Karfarnaum" (Mt 8,5–13) und die „kanaanäische Frau" (Mt 15,21–28). Auch bei ihnen lobt Jesus den Glauben, der sie zu ihm geführt hat.

31 βασιλεια του θεου kann auch als „Königtum" (so die Übersetzung von Fridolin Stier; βασιλευσ = König) oder „Königs-Herrschaft" übersetzt werden.

32 Griechisch: ηγγικεν η βασιλεια του θεου; ich übersetze das Perfekt genauer als die Einheitsübersetzung: „Das Reich Gottes ist nahe."

33 Diese Dimension des Wirkens Jesu steht im Markusevangelium, dem ersten der Evangelien, im Vordergrund.

„erfüllte Zeit", erfasst und „kehren um" (Mk 1,15), so dass sich Gottes Reich an ihnen *ereignen* kann. Die eine Grundentscheidung für Gott, um die es im Leben geht, wird in ihrem Leben in dem Moment wirksam, in dem sie sich *entschieden* haben, bei Jesus Heilung zu suchen. Es bleibt aber offen, wie es weitergeht – ob es nur ein Moment gewesen ist oder ob es ihr Leben *dauerhaft* zu einem Leben in diesem Glauben gemacht hat.

Dass es darum geht, das Leben immer und überall, was auch immer geschehen mag, in diesem Glauben und Vertrauen zu leben, sagt Jesus durchgängig in seiner Verkündigung, z. B.: „Sorgt euch nicht um euer Leben, was ihr essen oder trinken sollt, noch um euren Leib, was ihr anziehen sollt! … Denn nach all dem streben die Heiden. Euer himmlischer Vater weiß, dass ihr das alles braucht" (Mt 6,25.32). Oder: „Verkauft man nicht zwei Spatzen für einen Pfennig? Und doch fällt keiner von ihnen zur Erde ohne den Willen eures Vaters. Bei euch aber sind sogar die Haare auf dem Kopf alle gezählt. Fürchtet euch also nicht! Ihr seid mehr wert als viele Spatzen" (Mt 10,29–31). Christlicher Glaube gewinnt existentielle Lebensrelevanz in dem Maß, in dem er zum *absoluten Vertrauen* wird, das ausrufen kann: „Ist Gott für uns, wer ist dann gegen uns? …Weder Tod noch Leben, weder Engel noch Mächte, weder Gegenwärtiges noch Zukünftiges noch Gewalten, weder Höhe oder Tiefe noch irgendeine andere Kreatur können uns scheiden von der Liebe Gottes" (Röm 8,31.38–39). Nach einem solchen Glauben fragt die Glaubensfrage als Lebensfrage.

Am Schicksal Jesu zeigt sich auch *exemplarisch*, was passiert, wenn Menschen die Glaubensfrage ihres Lebens *nicht* positiv zu beantworten vermögen. Sie verfallen dann der

Angst um sich oder ihren *egoistischen Begierden* und entscheiden entsprechend. Jesus hat zwar mit seiner Ermunterung zum Vertrauen auf die Fürsorge des Vaters im Himmel und mit seinem Wort: „*Dein Glaube* hat dich gerettet", versucht, die Fixierung auf ihn als *Wundertäter* zu verhindern. Das weitere Schicksal Jesu zeigt aber, dass ihm das aufs Ganze gesehen *nicht* gelungen ist. Die Mehrzahl derer, die geheilt wurden oder die Heilungen miterlebt hatten, scheinen das Interesse an Jesus allmählich verloren zu haben, als sie erkennen mussten, dass er keine Anstalten machte, ihre *irdische Situation im Ganzen* – auch politisch – zu verbessern. Er war dann wohl doch nicht der Messias, wie sie ihn erwartet hatten. Schon vorher hatten sich die führenden Männer von ihm abgewandt: die Schriftgelehrten aus dem Pharisäerkreis, weil er sich mit „Sündern und Zöllnern" eingelassen hatte, ohne von diesen *zuvor* die Gesetzeseinhaltung zu verlangen; die Hohenpriester aus dem Kreis der Sadduzäer, weil er den korrekt erfüllten Opferkult im Tempel ohne innere Umkehr als ungenügend für das Heil erklärte[34] und weil er durch die Unruhe, die er im Volk verursachte, ein Eingreifen der römischen Besatzungsmacht wahrscheinlich erscheinen ließ. So beschloss der Hohe Rat, ihn zu töten (vgl. Joh 11,47–53). Jesus aber blieb dem Vertrauen auf den Vater, das er gepredigt und durch die Heilungen bezeugt hatte, auch jetzt treu. Um die Entscheidung herbeizuführen, ging er nach Jerusalem. Es kam zum Verrat durch Judas und zu seiner Gefangennahme. Die Hohenpriester forderten von Pilatus die

---

34 Das war die Botschaft seiner Symbolhandlung der Tempelreinigung (Mk 11,15–19; Mt 21,12–17; Lk 19,45–48; Joh 2,13–16). Jesus griff damit nur die kritischen Botschaften der Propheten und einiger Psalmen auf.

Hinrichtung Jesu. Vor die Wahl zwischen Jesus und dem „Räuber" Barabbas gestellt, verlangte die Volksmenge die Freilassung des Barabbas; sie hatten nämlich gemerkt, dass Pilatus durch ihre Wahl Jesu Freilassung erreichen wollte, um den Hohenpriestern zu zeigen, dass das Volk nicht auf ihrer Seite stand. Dem verhassten Römer wollte das Volk diesen Gefallen aber nicht tun. So kam es zur Verurteilung und Kreuzigung Jesu (vgl. Joh 18,30–19,16).

Mit Jesu Kreuzestod schien alles verloren, alles Täuschung und Irrtum zu sein. Der Hoffnungsglaube, der in den Menschen bei der Begegnung mit ihm erweckt worden war, machte der Enttäuschung Platz: „Wir aber hatten gehofft" (Lk 24,21), sagen die Emmaus-Jünger. „Gott aber hat ihn von den Wehen des Todes befreit und auferweckt" (Apg 2,24). Durch die Auferweckung Jesu von den Toten hat Gott ihn, seine Verkündigung und sein Wirken bestätigt. Und umgekehrt: „Durch ihn seid ihr zum Glauben an Gott gekommen, der ihn von den Toten auferweckt und ihm die Herrlichkeit gegeben hat, *sodass ihr an Gott glauben und auf ihn hoffen könnt*"[35] (1 Petr 1,21). Als der Gekreuzigt-Auferstandene dann seinen Jüngern völlig unerwartet begegnete, begriffen sie erst richtig, wer er wirklich ist: der Sohn des Vaters, in dem die Liebe Gottes zu seiner Schöpfung *endgültig* offenbart worden ist. Damit hat Gott auch den Hoffnungs-Glauben bestätigt, der in der Begegnung mit Jesus wachgeworden war. Jetzt erst kann dieser Glaube zum Glauben an Christus werden. Weil an ihm, seinem Tod und seiner Auferstehung *definitiv* und für alle Zeiten *erkennbar* geworden ist, dass Gott der gute Gott ist, der alles in der Hand hat und zum

---

35 Hervorhebung von mir.

Guten lenkt – selbst diese Katastrophe des Kreuzes. Dieser Glaube ist nicht mehr nur ein Hoffnungsglaube, der *erhofft*, dass alles gut *wird*; er ist Glaube, der auf ein Geschehen *zurückblickt*, an dem *ablesbar* ist, dass es gut *geworden ist* – auch wenn noch nicht *öffentlich* vor *aller* Augen sichtbar ist, dass *alles* gut geworden ist. Das wird erst am Ende der Zeiten geschehen. Aber jetzt schon ist klar, dass das Lamm das Buch der sieben Siegel, das Buch der Geschichte, das niemand zu öffnen vermochte, zu öffnen vermag;[36] in ihm, dem geopferten Lamm, hat die undurchschaubare Menschheitsgeschichte ihre positive Lösung gefunden. Weil deren öffentliche Sichtbarkeit noch aussteht, ist auch der christliche Glaube ein Glaube *in Hoffnung*[37] und noch keine Schau. Er befähigt aber schon dazu, das eigene Leben loszulassen und hinzugeben: „Wer sein Leben retten will, wird es verlieren, wer aber sein Leben um meinetwillen verliert, wird es finden" (Mt 16,25).

So erweist sich der Glaube, der „nur" Antwort auf die Lebensfrage ist, als implizite *Vorwegnahme* des christlichen Glaubens. Wenn einem Menschen, der so glaubt, Christus als der um seiner Hinwendung zu den Menschen willen Gekreuzigte und von Gott Auferweckte *glaubhaft bezeugt*

---

36 „Würdig bist du, das Buch zu nehmen und seine Siegel zu öffnen; denn du wurdest geschlachtet und hast mit deinem Blut Menschen für Gott erworben aus allen Stämmen und Sprachen, aus allen Nationen und Völkern" (Offb 5,9).

37 Das hat v. a. Paulus betont: „Denn auf Hoffnung hin sind wir gerettet. Hoffnung aber, die man schon erfüllt sieht, ist keine Hoffnung. … Hoffen wir aber auf das, was wir nicht sehen, dann harren wir aus in Geduld" (Röm 8,24–25). Vgl. auch die Enzyklika „Spe salvi" von Benedikt XVI., in der er auch aufzeigt, wie die christliche eschatologische Hoffnung in der Neuzeit zur Fortschrittsgläubigkeit pervertiert wurde, die auf wissenschaftlich-technischen Fortschritt und nicht mehr auf Gott vertraut.

wird, ergibt sich der Schritt zum expliziten christlichen Glauben als logische und folgerichtige Konsequenz. Und umgekehrt, wenn christlicher Glaube die *wahre Dimension* von Tod und Auferstehung Christi erfasst, kann er nicht anders als an *den Gott* glauben, der *alles in allem* ist und gut macht.

9.
Menschliches Leben als Dialog der Liebe

Der christliche Glaube ist die einzige Religion,[38] die *alles* auf die Liebe setzt. Nicht nur, dass er zur Liebe mahnt; er erklärt vielmehr, dass zu lieben die *logische Folgerung* aus der Gotteserkenntnis ist: „Wer nicht liebt, hat Gott nicht erkannt; denn Gott ist Liebe." Diese Aussage ist wiederum das Ergebnis dessen, was Menschen *mit Jesus erlebt* haben: „Darin offenbarte sich die Liebe Gottes unter uns, dass Gott seinen einzigen Sohn in die Welt gesandt hat, damit wir durch ihn leben." Unsere Liebe erweist sich also als *Antwort* auf die Liebe, die uns Gott geschenkt hat. „Darin besteht die Liebe: Nicht dass wir Gott geliebt haben, sondern dass er uns geliebt und seinen Sohn als Sühne für unsere Sünden gesandt hat" (1 Joh 4,8–10). Gott bleibt also bei seiner Liebe, auch wenn und nachdem wir ihm nicht mit Liebe geantwortet haben.

Liebe zielt auf das Wohl der Geliebten und will nichts für sich. Sie ist in diesem Sinn *absichtslos*. „Die Liebe genügt sich selbst. … Außerhalb ihrer selbst sucht sie keinen Grund und keine Frucht; ihre Frucht ist es, dass man sie

---

38 Es ist theologisch umstritten, ob und inwiefern man den christlichen Glauben als Religion bezeichnen kann. Wenn man „Religion" soziologisch oder kulturhistorisch versteht, mag das angehen, weil christlicher Glaube die religiöse Grundanlage des Menschen aufnimmt und beantwortet. Sobald man aber den christlichen Glauben von seinem Selbstverständnis her begreift, ist man mit seiner Einmaligkeit und Unvergleichbarkeit konfrontiert und kann ihn nicht mehr unter einen Oberbegriff „Religion" subsumieren.

übt. Ich liebe, weil ich liebe; ich liebe, um zu lieben." Diese Sätze von Bernhard von Clairvaux[39] beschreiben das Phänomen Liebe, wie es Liebende erleben. Deshalb kann man Liebe nicht beweisen; man muss sie *glauben.* Die eine Entscheidung, um die es im Leben geht, zeigt sich also als die *Glaubens*entscheidung, die glaubt, dass *Gott Liebe ist,* und als Glaube, in dem sich ein Mensch *öffnet für die Liebe* und sich dadurch dazu entscheidet, in einer Welt, die voll von Lieblosigkeit ist, *dennoch zu lieben.*

Liebe ist zunächst vermittelt durch Menschen. Kinder vertrauen sich ihren Eltern und Bezugspersonen an und erfahren deren Zuwendung und Liebe; dadurch erwachen sie selbst zur Liebe. In der Ehe entdecken Menschen einander als liebenswert und erfahren in der gegenseitigen Hingabe Erfüllung ihrer Sehnsucht, sowohl geliebt zu sein wie selbst zu lieben. Liebe bedient sich zwar der Zeichen, Gesten und Geschenke, um sich mitzuteilen. Aber sie geht nicht in diesen Gesten und Zeichen auf. Sie bedient sich ihrer nur. Aber keines dieser Zeichen *beweist,* dass es Liebe ist, die sich mitteilen will. Es kann eine andere Absicht hinter den Worten, Geschenken und Handlungen stehen, die scheinbar aus Liebe kommen. So bleibt das menschliche Leben ein Ringen darum, der Liebe, die einem entgegenkommt, zu *glauben* trotz aller Enttäuschungen und widrigen Erfahrungen und selbst immer mehr ohne Nebenabsichten zu lieben.

Weil und wenn Liebe keine andere Absicht hat, als zu lieben, in diesem Sinn also *absichtslos* ist[40], ist sie *glaubhaft.*

39 Bernhard von Clairvaux, Aus einer Auslegung des Hohen Lieds, hier zitiert aus: Lektionar zum Stundenbuch, Band I/6, S. 322.
40 In der christlichen Frömmigkeit hat man das „die reine Absicht" genannt und darum gebetet.

Und umgekehrt: Weil Liebe *nicht beweisbar* ist, muss sie *geglaubt* werden. Für den Menschen, der als bedürftiges und bedrohtes Wesen Angst um sich hat, ist das ein Wagnis. Er kann nie absolut sicher sein, dass der andere, der anscheinend liebend auf ihn zukommt, *keine Absicht* hat, ihn *für sich* zu *benutzen*, ihn für seine Ziele auszunützen. Der Mensch ist als Person geschaffen; als solche hat er Sinn und Ziel *in sich*. Der Mensch als Person stellt *keinen Nutzwert* und *keinen Lustwert* dar, über den jemand anderer verfügen dürfte. Nach der Schöpfungsordnung darf er deshalb nicht zum Mittel für etwas gemacht werden. Damit ist die Grundlage für die Menschenwürde formuliert.

Nun geht es aber im menschlichen Leben in dieser Welt auch um Nutzen: Wir sind angewiesen auf Nahrung und Kleidung, damit auf Arbeit und Verdienst, auf Leistungen anderer und auf Anerkennung unserer Leistung. Liebe muss sich auch im Umgang mit diesen Notwendigkeiten des Lebens bewähren. Sie muss zunächst die *Gerechtigkeit* erfüllen, die anerkennt, dass die anderen ebenso Personen sind wie ich, dass sie Subjekte sind wie ich und ich sie nicht als Objekte benutzen darf.[41] Dabei kann es Konflikte geben. Schon im Alten Testament wird deshalb als Gebot formuliert: „Du sollst deinen Nächsten lieben wie dich selbst!" (Lev 19,18). Die Gerechtigkeit verlangt also von mir, mich in die Situation der anderen hineinzuversetzen, so dass ich von ihnen her zu denken bereit werde. Gerechtigkeit erweist sich so als eine elementare Form von Liebe. In der Liebe wird auch das rechte Maß im Gebrauch der Schöpfungsgüter erkannt, so dass es für alle reicht und mir

---

41 Siehe Kapitel 4: „Die Dimensionen und Ebenen menschlichen Lebens", 2. Ebene der Intersubjektivität.

selbst gut tut. Als Tapferkeit schenkt die Liebe die Kraft, auch dann nicht manipulativ oder gewalttätig zu werden, wenn die Gerechtigkeit mir schmerzliche Beschränkungen auferlegt oder Gefahr für mich mit sich bringt. Weil ich als Liebender nicht auf bestimmte irdische Ziele fixiert bin, befähigt mich die Liebe als Klugheit, kreativ die situationsgemäßen Mittel und Wege zu finden, um zu gerechten Lösungen im Konfliktfall zu kommen. Die vier Kardinaltugenden Gerechtigkeit, Maßhalten, Tapferkeit und Klugheit, die seit Aristoteles als Schlüssel für ein gutes Zusammenleben in dieser Welt gelten, erweisen sich so als Haltungen der Liebe.

Was allen zusteht und von allen zu erfüllen ist, ergibt sich *inhaltlich* aus der Schöpfungsordnung, die in den Zehn Geboten eine prägnante Formulierung gefunden hat. Die Liebesantwort, um die es im Leben geht, muss sich also zunächst in der *Erfüllung der Gebote* zeigen. Sie sind der Wegweiser im Umgang mit den Möglichkeiten und Gegebenheiten, die mir in der Außenwelt zur Entscheidung angeboten werden. Wenn mich dabei die Liebe motiviert, gewinne ich die innere Freiheit, ihnen zu gehorchen.[42] Indem ich mich an die Schöpfungsordnung als Rahmen halte, gewinnt auch meine Wahlfreiheit antwortenden Charakter.[43] Innerhalb dieses Rahmens kann sie sich dann kreativ frei entfalten in der individuellen Ausgestaltung meiner Identität.

Dass das letztgültige Gelingen menschlichen Lebens von der gelebten Liebe abhängt, macht die Schilderung vom Endgericht deutlich, die als letzte Rede Jesu vor dem

---

42 Siehe Kapitel 2: „Die drei Gegenstandsbereiche einer menschlichen Entscheidung", 2. Gegenstandsbereich.

43 Siehe Kapitel 6: „Entscheiden wir nur, wenn wir eine Wahl haben?"

Abendmahl überliefert ist (Mt 25,31–46). Das ewige Heil jedes Menschen wird darin von der konkret erwiesenen Liebe abhängig gemacht: „Ich war hungrig, und ihr habt mir zu essen gegeben; … nichts zu essen gegeben" (Mt 25,35.42). Indem sich Jesus als Richter mit jedem seiner „geringsten Brüder" (Mt 25,40.45) identifiziert, stellt er die Verbindung zu sich als Richter her. Das gilt unabhängig davon, ob der Mensch von dieser Identifikation weiß oder nicht, wie der Text ausdrücklich feststellt (Mt 25,37.44). Die Glaubensentscheidung, von der die Rede gewesen ist, muss also zu einem Glauben führen, „der durch die Liebe wirkt" (Gal 5,6).

Menschen, die eine „Nah-Tod-Erfahrung" hatten, berichten davon, dass ihnen eine überwältigend liebende Lichtgestalt begegnete und dass ihr Leben in diesem Licht auf ihre Liebe hin durchleuchtet wurde. Insofern sie sich nicht definitiv gegen Liebe verschlossen haben, erfahren sie diese Begegnung nicht als bedrohlich, wohl aber durchzuckt sie der Schmerz darüber, nicht genug geliebt zu haben, der sie zugleich bereit macht, nur noch zu lieben und zu loben. Diese Schmerzerfahrung dürfte das sein, was in der katholischen Tradition „Fegefeuer" genannt wird.[44]

Liebe geht nur *in Freiheit*. Der Dialog der Liebe ist ein Dialog zwischen zwei Freiheiten: die schöpferische Freiheit Gottes, auf die die geschaffene Freiheit des Menschen *antwortet*.

Wir können uns nicht dazu entscheiden, selbst zu lieben, wenn wir uns nicht gleichzeitig dazu entscheiden, uns

---

44 So nennt Papst Benedikt XVI. das „Fegefeuer" „einfach das Rein-gebranntwerden in der Begegnung mit dem richtenden und rettenden Herrn" (Enzyklika „Spe salvi" Nr. 48).

lieben zu lassen. Die Entscheidung, uns lieben zu lassen, ist identisch mit der *Glaubensentscheidung*,[45] in der wir uns für die geschenkte Liebe öffnen. Ohne diese Öffnung werden wir nichts als Gabe der Liebe erkennen; wir werden, was uns zufällt, entweder als „nützliches Ding" in unseren Lebenshaushalt vereinnahmen, ohne es als Geschenk einer Person wahrzunehmen – wie die neun Aussätzigen, die geheilt wurden, aber nicht zurückkamen, um Jesus zu danken (Lk 17,11–19) –, oder wir fühlen uns davon in unserem Ego belästigt oder gar bedroht und lehnen es ab.[46] Paulus gebraucht deshalb in seinen Briefen das Wort „Liebe" fast nie für unser Verhältnis zu Gott;[47] für unser Gottesverhältnis ist vielmehr der *Glaube* entscheidend, in dem wir Gottes Liebe annehmen.

Es zeigt sich also ein dynamischer Prozess: In seiner Glaubensentscheidung, in welcher der Mensch die Gabe des Lebens annimmt, öffnet er sich für die Liebe, die von Gott ausgeht; *dadurch* wird er fähig, *selbst* zu lieben. Glaube und Liebe hängen also eng zusammen. Weil alle Liebe letztlich von Gott ausgeht, muss sich der Mensch glaubend der Liebe öffnen, die ihm geschenkt wird. Aber

---

45 Siehe Kapitel 7: „Die eine Lebensentscheidung als Glaubensentscheidung".

46 Die Erfahrung mit zahlreichen Lebensgeschichten spricht dafür, dass die Entscheidung, sich wirklich lieben zu *lassen*, schwieriger ist, als die *selbst* zu lieben. Das dürfte daher kommen, dass wir darüber, ob uns jemand liebt, nicht selbst entscheiden können; wir sind auf die freie Entscheidung des anderen angewiesen. Weil wir uns nach dieser Liebe sehnen, sie uns aber nicht garantiert werden kann, werden wir dadurch verwundbar.

47 Es gibt drei Ausnahmen Röm 8,28, 1 Kor 2,9 und 1 Kor 8,3. Charakteristisch ist seine Aussage Gal 2,20: „Was ich nun im Fleisch lebe, lebe ich im *Glauben* an den Sohn Gottes, *der mich geliebt* und sich für mich hingegeben hat." Die Beziehung von Christus zu sich nennt Paulus Liebe; seine zu Christus Glaube (Hervorhebung von mir).

ein Glaube, der nicht *dazu befähigt*, selbst zu lieben, ist noch kein voller Glaube.[48] Das muss kein explizit christlicher Glaube sein; er muss nur zu wirklicher Liebe befähigen. Das kann in einem Augenblick geschehen, so dass der Eindruck entsteht, dass die Liebe, die jemand *schenkt*, in ihm allein gründe. Das dürfte daher kommen, dass angesichts einer konkreten Notsituation, deren jemand ansichtig wird, unthematisch die Liebe aufwacht, die er schon lange in sich *aufgenommen* hat. Eine Liebe allerdings, die nicht auf einem *wahren* Glauben beruht, droht sich angesichts einer lieblosen Welt zu erschöpfen und zu ersterben.

Die johanneischen Schriften machen diesen Zusammenhang von Liebe und Wahrheit deutlich: „Wenn jemand sagt: Ich liebe Gott!, aber seinen Bruder hasst, ist er ein Lügner. Denn wer seinen Bruder nicht liebt, den er sieht, kann Gott nicht lieben, den er nicht sieht" (1 Joh 4,20). Liebe und Wahrheit gehören untrennbar zusammen. Denn wenn Gott Liebe ist, er, der Schöpfer aller Dinge, kann nur das Bestand haben und wahr sein[49], was aus der Liebe hervorgeht. So ist im Johannes-Evangelium das Gegenteil von „Böses tun" nicht „Gutes tun", sondern „die Wahrheit tun" (Joh 3,20.21). Böses tun ist also lügen, Widerspruch zur Wahrheit. Der Teufel wird deshalb „Vater der Lüge" genannt (Joh 8,44). Vor Pilatus, als Jesus sich anschickt, den definitiven Erweis seiner Liebe durch sein Sterben zu erbringen, definiert Jesus seine Sendung, die doch eine Sendung der Liebe ist, so: „Ich

---

48 Das macht der Jakobusbrief deutlich: „So ist auch der Glaube für sich allein tot, wenn er nicht Werke (der Liebe) vorzuweisen hat." (Jak 2,17)

49 Das hebräische Wort für Wahrheit lautet: ämet = Beständigkeit, Treue, was in der Vulgata mit veritas = Wahrheit übersetzt wurde.

bin dazu geboren und dazu in die Welt gekommen, dass ich für die Wahrheit Zeugnis ablege." Und er fügt hinzu: „Jeder, der aus der Wahrheit ist, hört auf meine Stimme." Wie viele Menschen in der heutigen Welt vermag Pilatus, gefangen in der Angst um seine Stellung, darauf nur achselzuckend zu sagen: „Was ist (schon) Wahrheit?" (Joh 18,37–38).

Solange ein Mensch von der Angst um sich und um sein Ansehen vor Gott und den Menschen bestimmt ist, vermag er sich die Wahrheit, die ihn in deren Augen beschämen könnte, nicht einzugestehen; er muss sie abwehren, verbergen oder gar verdrängen. Das wird schon in der Geschichte vom Sündenfall erzählt: „Als sie an den Schritten hörten, dass sich Gott, der Herr, beim Tagwind im Garten erging, versteckten sich der Mensch und seine Frau vor Gott, dem Herrn, inmitten der Bäume des Gartens" (Gen 3,8). Erst wenn der Mensch darauf vertrauen kann, dass er mit seiner Wahrheit, seiner Nacktheit, deren er sich schämt (Gen 3,10), und seiner Schuld, die er sich noch nicht eingestehen kann, angenommen wird, vermag er diese Angst zu überwinden und wird dadurch frei vom Zwang, sich zu verstecken. „Wenn ihr in meinem Wort (das euch Vergebung verheißt) bleibt, seid ihr wahrhaft meine Jünger (habt ihr Ansehen und Halt in mir). Dann werdet ihr die Wahrheit (die ihr bisher verleugnen musstet) erkennen und die Wahrheit wird euch befreien (von der Angst um euer Ansehen und euren Wert)" (Joh 8,31–32).[50]

Nur der christliche Glaube hat in Kreuzigung und Auferweckung Jesu die Antwort auf die Diskrepanz zwischen

---

50 Die interpretierenden Einfügungen in Klammer sind von mir.

einer Welt, die voll Lüge, Gewalt und Bosheit ist, und einem Gott, der sie aus Liebe erschaffen hat.[51] Durch ihn, den Gekreuzigt-Auferstandenen, bleibt das Liebesangebot Gottes offen auch für die, die „ihn durchbohrt haben" (Joh 19,37). Denn Gott sandte seinen Sohn nicht, um die Sünder zu vernichten, sondern „als Sühne für unsere Sünden" (1 Joh 4,10).

Die Glaubensfrage, von der im letzten Kapitel die Rede war, erweist sich als die Frage danach, ob *Liebe das Motiv* ist, dem ich als geschöpfliches Wesen meine Existenz verdanke. Mit dem Hoffnungs-Glauben, der die Glaubensfrage positiv beantwortet, sage ich implizit, dass ich an einen Gott *der Liebe glaube* und mich seiner Liebe *anvertraue*, die meine Existenz hervorgebracht hat und die ich hinter allem glaube. Angesichts dessen, was in der Welt alles geschieht, was ich vielleicht von Kindheit an erlebt habe und in das ich in vielfältiger Weise selbst mitverstrickt bin, ist es ein Wagnis, so an die Liebe zu glauben. Die Begegnung mit dem Auferstandenen hat die Jünger zu diesem Wagnis befreit und sie autorisiert, Gott als Gott der Liebe zu verkünden.

Wenn die *eine* Entscheidung, um die es im Leben letztlich geht, die *Entscheidung zur Liebe* ist, dann lässt sich auch erahnen, wie die *vielen* Entscheidungen, die wir im Laufe des Lebens treffen, *Teil* dieser einen Entscheidung werden: indem sie vom *Motiv Liebe* bestimmt sind oder, negativ gesagt: dass sie letztlich von keiner anderen Absicht motiviert sind als der zu lieben. In dem Maß, wie jemand ein Liebender geworden ist, werden seine Worte,

---

51 Der Islam verehrt zwar Jesus als Propheten, kann aber nicht annehmen, dass Gott zugelassen hat, dass Jesus gekreuzigt worden ist. Von daher bleibt er anfällig für Gewaltanwendung.

sein Verhalten und seine Handlungen zu Gesten der Liebe werden. So *wächst* die eine Entscheidung, um die es im Leben geht. So gewinnt ein Mensch immer mehr die Identität eines liebenden Menschen. Weil dieses Wachstum an der freien Entscheidung des Menschen hängt, wird die eine Entscheidung erst am Ende, im Tod, definitiv; bis dahin bleibt sie *revidierbar*. Es ist also *kein Automatismus*, dass der Mensch das Ziel des irdischen Lebens, sein Heil, gewinnt.

Es zeichnen sich auch bereits *Stufen oder Phasen* ab, in denen die Liebe im Leben eines Menschen wächst:

1) Zuerst geht es darum, sich grundsätzlich für Liebe zu öffnen, so dass sie zur Zielperspektive des Lebens werden kann.

2) Sodann geht es um Liebe als Gerechtigkeit, die befähigt, die Schöpfungsordnung zu befolgen und die Gebote zu halten.

3) Darüber hinaus vermag die Liebe so zu wachsen, dass sie über die Gerechtigkeit hinausgeht und zuvorkommend auch dort liebt, wo keine liebende Antwort zu erwarten ist oder gar Feindschaft und Ablehnung droht.

4) Schließlich „gibt es keine größere Liebe, als wenn einer sein Leben für seine Freunde hingibt"(Joh 15,13); und weil Christus auch für seine Feinde gestorben ist, werden in der Nachfolge Christi auch die Feinde zu potenziellen Freunden, für die wir sterben.

5) Weil Christus den Tod besiegt hat, erweist sich auch der irdisch scheiternde Weg der Liebe als endgültiger Sieg.

Von den drei Fragen, die am Anfang von Kapitel 7 formuliert worden sind, dürfte nun die erste Frage nach dem *Inhalt der einen Lebensentscheidung* beantwortet sein, soweit dies in Worten und Begriffen geschehen kann. Auch die zweite Frage, wie diese eine Entscheidung im Laufe des Lebens *entsteht*, hat bereits eine Antwort: indem der Mensch *immer mehr* ein Liebender *wird*. Die dritte Frage, wie die vielen Entscheidungen *Teil* dieser einen Entscheidung werden, hat wenigstens eine *grundsätzliche* Antwort erhalten: indem sie *aus Liebe motiviert* sind. Dabei ist nicht zu vergessen, dass das in einer Welt geschehen soll, die voll von Ungerechtigkeit und Lieblosigkeit ist und in die der einzelne Mensch selbst durch eigene Nicht-Liebe verstrickt ist. Im folgenden muss es jetzt darum gehen, konkreter auszubuchstabieren, wie ein Mensch ein Liebender wird, dessen Entscheidungen immer mehr von Liebe motiviert sind.

10.
Der Wachstumsprozess in der Liebe nach dem Exerzitienbuch des Ignatius

Es gibt in der Geschichte des christlichen Glaubens viele unterschiedliche Zeugnisse und davon geprägte Anleitungen, die den Wachstumsprozess in der Liebe beschreiben. Alle diese Zeugnisse haben im Grunde denselben Gegenstand, eben den Wachstumsprozess in der Liebe; aber sie setzen dabei jeweils andere Akzente. Daraus ergeben sich unterschiedliche Profile ihrer Wegbeschreibung. Am bekanntesten dürften die von Teresa von Avila[52] und Johannes vom Kreuz[53] sein. Entsprechend ihrer Berufung zu einer kontemplativen Lebensweise geht es bei ihnen vorrangig um die Wachstumsetappen *im Gebet*. In den „Geistlichen Übungen" des Ignatius von Loyola haben wir eine *umfassende Übungs*-Anleitung, den Wachstumsweg zu gehen. Seine Aufmerksamkeit richtet sich dabei v.a. auf das *Unterscheiden und Entscheiden*. Deshalb eignet sich seine Anleitung für das Thema dieses Buchs beson-

---

52 Vor allem in Libro de la Vida (Buch meines Lebens), Camino de Perfecciòn (Weg der Vollkommenheit) und besonders systematisch in Castillo interior (Wohnungen der inneren Burg).

53 Johannes vom Kreuz drückt seine geistlichen Erfahrungen in Gedichten aus, die er dann kommentiert: Subida al Monte Carmelo (Aufstieg zum Berg Karmel), Noche oscura (Dunkle Nacht), Cantico espiritual (Geistlicher Gesang) und Llama de amor viva (Flamme lebendiger Liebe).

ders.[54] Obwohl die „Geistlichen Übungen" des Ignatius zunächst eine Anleitung für Übungen sind, die „ungefähr in dreißig Tagen abgeschlossen werden" (EB 4[8]), geht ihre Bedeutung weit darüber hinaus.

Ignatius macht in seinen Geistlichen Übungen erst am Ende die Liebe *ausdrücklich* zum Thema – in der „Betrachtung, um Liebe zu erlangen" (EB 230–237). Vermutlich hat er das Wort Liebe vorher wenig gebraucht[55], weil es im allgemeinen Sprachgebrauch primär *als Emotion* verstanden wird. Aber Liebe ist mehr als eine bestimmte Emotion. Es geht um die Ausrichtung des *ganzen* Menschen als Person, um seine *Identität*, um sein ganzes Leben. Liebe umfasst sowohl unser bewusstes *Wollen* wie unser emotionales *Wünschen* und konkretisiert sich in unserem *Wählen*. Wir müssen uns zur Liebe *entscheiden*. Indem Ignatius das Wort „entscheiden" überhaupt nicht gebraucht, sondern stattdessen von „wollen", „wünschen" und „wählen" spricht, weist er schon auf die Phasen hin, in denen die eine Entscheidung des Lebens als Entscheidung zur Liebe wächst.

Man kann deshalb die „Betrachtung, um Liebe zu erlangen" als eine Zusammenfassung der ganzen Exerzitien

---

54 Im „Bericht des Pilgers", eine Autobiographie, die Ignatius auf Bitten seiner Gefährten erzählte, haben wir eine *Beschreibung* des Weges, den Gott *ihn selbst* von der Verwundung in Pamplona bis zur Gründung der Gesellschaft Jesu in Rom führte. Dieser sogenannte Pilgerbericht ist zum richtigen Verständnis des Exerzitienbuchs heranzuziehen: Ignatius von Loyola, Bericht des Pilgers, übersetzt von Peter Knauer SJ, Leipzig 1990 (Würzburg 2015) . Neben dem Pilgerbericht finden sich v. a. in seinen Briefen zahlreiche Hinweise, wie er den geistlich-menschlichen Wachstumsprozess verstanden hat: Ignatius von Loyola, Deutsche Werkausgabe Band I, Briefe und Unterweisungen, übersetzt von Peter Knauer, Würzburg 1993.

55 Besonders auffällig ist diese Zurückhaltung bei den „drei Weisen der Demut" (EB 164–168), wo er von „Demut" spricht, obwohl es der Sache nach eindeutig um Liebe geht.

sehen, in der ihre innerste Dynamik ins Wort kommt. *Am Anfang* formuliert Ignatius das Ziel seiner Geistlichen Übungen so: „Den göttlichen Willen in der Einstellung des eigenen Lebens zum Heil der Seele zu suchen und zu finden" (EB 1[4]). Wie wir gesehen haben, geht es in der „Einstellung des Lebens" aber um nichts anderes als darum, dem liebenden Gott in Liebe zu antworten. Auf dieses Ziel sind die Geistlichen Übungen ausgerichtet. Dafür wollen sie ein *Hilfsmittel* sein.

Ignatius benennt auch gleich am Anfang das entscheidende Hindernis: die „ungeordneten Anhänglichkeiten". Damit meint er die *innere Unfreiheit* bestimmten Wünschen und Motiven gegenüber, die uns dann in unseren Entscheidungen bestimmen.[56] Sie „zu entfernen" (EB 1[3])[57] wird das Nahziel, das auf dem Weg zu erreichen ist, damit der Mensch ein liebender werden kann. Anhänglichkeiten *verhindern die Freiheit*, ohne die ich mich nicht entscheiden kann zu lieben. Um diese Freiheit geht es schon im „Prinzip und Fundament", der grundlegenden Eingangsüberlegung der Exerzitien: „Deshalb ist es nötig, dass wir uns gegenüber allen geschaffenen Dingen in allem, was der Freiheit unserer freien Entscheidungsmacht gestattet und ihr nicht verboten ist,[58] indifferent machen. Wir sol-

---

56 Siehe Kapitel 2: „Die drei Gegenstandsbereiche einer menschlichen Entscheidung", gegen Ende des Kapitels.

57 „Denn so wie das Umhergehen, Wandern und Laufen leibliche Übungen sind, genauso nennt man ‚geistliche Übungen' jede Weise, die Seele darauf vorzubereiten und einzustellen, um alle ungeordneten Anhänglichkeiten von sich zu entfernen und nach ihrer Entfernung den göttlichen Willen in der Einstellung des eigenen Lebens zum Heil der Seele zu suchen und zu finden" (EB 1[3-4]).

58 Diese Einschränkung bezieht sich auf die Schöpfungsordnung, die dem Menschen vorgegeben ist. Siehe Kapitel 6: „Entscheiden wir nur, wenn wir eine Wahl haben?"

len also nicht unsererseits mehr wollen: – Gesundheit als Krankheit, – Reichtum als Armut, – Ehre als Ehrlosigkeit, – langes Leben als kurzes; und genauso folglich in allem sonst, indem wir allein wünschen und wählen, was uns mehr zu dem Ziel hinführt, zu dem wir geschaffen sind" (EB 23[5-7]). In diesem herausfordernden Text der Exerzitien geht es um die *innere Freiheit*[59], die Ignatius „Indifferenz" nennt. Er exemplifiziert sie an vier existentiellen Beispielen: Gesundheit, materielles Auskommen, Ansehen, Lebensdauer. Sie ist zu unterscheiden von der Freiheit von *äußerem Zwang* durch Naturgegebenheiten, äußere Umstände, Zwang, der von anderen auf mich ausgeübt wird, und Einschränkungen unserer Freiheit durch Gesetze.

Damit ist der Mensch als geschöpflich-bedürftiges Wesen angesprochen. Der Mensch kommt als Mangelwesen auf die Welt. Er wird vorwärtsgetrieben von vitalen und emotionalen Grundbedürfnissen, die ihm eingeschaffen sind. Zu ihrer Befriedigung ist er auf andere und anderes, seine Umwelt, angewiesen. Die Befriedigung seiner Bedürfnisse kann ihm versagt werden. Krankheit lässt ihn leiden, Mangel an Mitteln kann ihm Hunger bringen, Verlust von Anerkennung macht ihn einsam, Tod zerstört sein irdisches Leben. Weil all das nicht auszuschließen ist und ihn bedroht, gehört *Angst* zum menschlichen Leben. Diese Angst lässt das Baby schreien, den Jugendlichen entweder kuschen oder aufsässig werden und ruft im Erwachsenen aggressive Behauptungskraft auf den Plan, kann ihn aber auch verbittern oder depressiv machen, je

---

59 Siehe Kapitel 2: „Die drei Gegenstandsbereiche einer menschlichen Entscheidung" und Kapitel 6: „Entscheiden wir nur, wenn wir eine Wahl haben?".

nach den Mustern und Mechanismen, die er im Laufe der Kindheit entwickelt hat, um mit dieser Angst so zurechtzukommen, dass er überleben konnte.

Insofern es um lebensnotwendige Dinge geht, macht uns die Angst ums Überleben erpressbar. Totalitäre Systeme knechten so die Menschen. Sie vermögen uns aber *nur dadurch* zu zwingen, dass sie durch ihre Drohungen diese Angst in uns *mobilisieren*. Tagtäglich hören wir von solchen Geschichten der Erpressung, auch wenn nicht immer mit Hunger und Tod gedroht wird; es genügt oft, im familiären Bereich mit Liebesentzug oder in der Politik mit Ansehensverlust zu drohen, um jemand dazu zu bringen, das zu tun, was die Drohenden wollen, oder zu unterlassen, was ihnen nicht genehm ist. Für unser Leben und für das ganze Geschehen in der Welt ist es also eine *Schlüsselfrage*, ob und wie wir gegenüber dieser Angst *innere Freiheit* gewinnen können.

In unserer geschichtlichen und gesellschaftlichen Situation, die ein hohes Maß an *äußerer* Sicherheit und Sättigung unserer vitalen Bedürfnisse (Nahrung, Wasser, Wärme etc.) bietet, fühlen wir als Erwachsene diese existentielle Angst vielfach nicht. In den ersten Jahren unserer Kindheit haben die meisten Menschen diese Angst durch Abwehrmechanismen kanalisiert und Muster entwickelt, durch die sie als Menschen sozialisiert und überlebensfähig geworden sind. Aber Ignatius hat recht; auch wenn er nicht von Angst spricht, konfrontiert er uns mit der *eigentlichen Not* unseres Lebens. Sie besteht darin, dass wir innerlich *nicht frei* sind, sondern *um uns besorgt* und damit beschäftigt, das zu bekommen, was wir zu brauchen meinen und was wir gerne hätten. Denn das ist die Situation des Menschen nach dem Verlust des Paradieses: Weil er die

Geborgenheit in der liebenden Allmacht Gottes und die Faszination durch Gottes Herrlichkeit nicht mehr unmittelbar spürt, ist er der *Angst um sich* und *der Begierde zu haben und zu genießen* ausgeliefert und in akuter Gefahr, in seinen Entscheidungen davon bestimmt zu werden. Diesen um sich kreisenden Menschen nennt Paulus in seinen Briefen „Fleisch", der der Befreiung bedarf.[60]

Im Schlusssatz des „Prinzip und Fundament" erscheint erstmals die Trias „wollen", „wünschen", „wählen", in die Ignatius den komplexen Entscheidungsprozess auffächert. Wir sollen „Gesundheit nicht mehr *wollen* als Krankheit, Reichtum als Armut, Ehre als Ehrlosigkeit, langes Leben als kurzes"(EB 23[6]). Wenn wir Gesundheit nicht mehr „wünschen" würden als Krankheit, wären wir psychisch nicht gesund. Wünschen ist nämlich die *spontane*, aus unserer Emotionalität entspringende Strebensregung. Der seelisch gesunde Mensch wünscht sich das, was sein Leben zu fördern scheint, und reagiert mit spontaner Abwehr auf das, was das natürliche Leben zu mindern scheint oder bedroht. „Wollen" meint hingegen das *bewusste* Anzielen von etwas. Wenn wir mit ganzer Kraft das Sinnziel unseres Lebens, eine liebende Identität zu gewinnen, anstreben, dann vermögen wir ebenso zu *wollen*, dass wir allem anderen gegenüber innere Freiheit gewinnen, weil es demgegenüber nur *Mittel* ist. Aus Einsicht ist es deshalb möglich, Gesundheit *nicht mehr* zu *wollen* als Krankheit und langes Leben nicht mehr als kurzes, auch wenn unser emotionales Wünschen mit diesem Wollen noch nicht mitkommt.

---

60 V. a. in den Briefen an die Römer (Röm 6–8) und an die Galater (Gal 3–6).

In seinen „Geistlichen Übungen", wie Ignatius sie im Exerzitienbuch darlegt, zeigt er den Wachstumsweg als Weg der *Befreiung zur Liebe* in seinen wesentlichen *Phasen* auf. Sie führen

1) vom entschlossenen *Wollen* des Lebenszieles dazu,
2) unser *Wünschen*, also unsere Motivwelt, zu reinigen und dadurch *innere Freiheit* zu gewinnen,
3) damit wir fähig werden, jeweils das zu *wählen*, was der größeren Liebe entspricht.

Diese drei Phasen entsprechen den oben in Kapitel 9 aufgeführten ersten drei Phasen:

1) sich grundsätzlich für die Liebe zu öffnen, indem sie als Lebensausrichtung *gewollt* wird;
2) Liebe als Gerechtigkeit zu üben, auch wenn emotionale *Wunsch*regungen dem entgegenstehen;
3) für eine Liebe bereit werden, die jeweils das *wählt*, was der Liebe *mehr* entspricht, die also über die Gerechtigkeit hinausgeht.

Die dort aufgeführten Phasen 4) und 5) führen über die *Befreiung zur* Liebe hinaus in das *Sterben* und *Auferstehen* aus Liebe.

Für diesen Phasenweg gibt das Exerzitienbuch schrittweise inhaltliche und methodische Anleitungen. In diesen Phasen oder „Wochen", wie Ignatius sie nennt, werden wir die Phasen erkennen, in denen die *eine Entscheidung*, um die es im Leben geht, wächst. Damit die vielen Entscheidungen, die wir im Leben treffen, sich in diese eine Entscheidung einfügen, also *Teil* dieser einen Entscheidung werden, müssen sie jeweils „phasenentsprechend" getroffen werden. Was das heißt und wie das geht, wird klar werden, wenn wir diese Phasen genauer anschauen.

Die Phasen oder Wochen des Exerzitienbuches unterscheiden sich nicht nur dem Inhalt nach, der in ihnen betrachtet wird. Wenn es *nur* um einen jeweils verschiedenen Inhalt ginge, würde der Exerzitienprozess nur die Breitendimension des Lebens und die funktionale Ebene betreffen.[61] Wenn es aber darum geht, ein Liebender zu werden, und damit um eine *neue Identität*, muss der Mensch in seiner *Tiefe*, in seiner Gefühls- und Beziehungsdimension und in seinem Grund, von Gott erreicht und umgewandelt werden. Das jeweils Charakteristische einer Phase ist deshalb eine *je eigene innere Bewegung*, eine *Schwerpunktverlagerung der Aufmerksamkeit*. Dadurch erlebt sich ein Mensch jeweils anders; er gewinnt eine jeweils neue *Identitäts-Erfahrung*. Unter dieser Rücksicht sollen in Kapitel 12 die Phasen des Exerzitienprozesses in Blick genommen werden, um darin jeweils der Frage nachzugehen, was das für die vielen Entscheidungen bedeutet, die wir täglich zu treffen haben. Damit wird schon deutlich, dass die Phasen des Exerzitienprozesses nicht nur für die „Wochen" innerhalb ausdrücklicher Übungszeiten Bedeutung haben, sondern dass sie *durchgängig* für das Leben gelten, wenn das Leben auf sein Ziel hin betrachtet wird, ein liebender Mensch zu werden.

---

61 Siehe dazu Kapitel 4: „Die Dimensionen und Ebenen menschlichen Lebens".

11.
Der Exerzitienprozess als Übungsprozess und als Lebensprozess

Nun versteht man unter Exerzitien gewöhnlich „Übungen", die man in einer bestimmten, *begrenzten Zeit* – etwa 30 Tagen, mehrmals acht Tagen oder als Exerzitien im Alltag über vier oder sechs Wochen oder länger – macht; oder gehen sie doch *ein Leben lang*? Dahinter steht die tiefere Frage: Wie verhalten sich Übungen zu Leben? Ignatius sieht seine Geistlichen Übungen klar als *Mittel*, um „in allem" (EB 233) zu lieben. Ist dieses Ziel einmal erreicht, so dass man nicht weiter üben müsste? Oder entpuppt sich vielmehr unser ganzes Leben als Übung, als ein Ein- und Ausübungsprozess der Liebe, anders formuliert: als fortlaufende Exerzitien? Und umgekehrt: Entpuppen sich die Phasen des Exerzitienbuchs als *Phasen unseres Lebens*, wenn es im Leben darum geht, in allem ein liebender Mensch zu sein?

„Übungen" sind eine Tätigkeit, zu der der Mensch sich entschließt und die er von sich aus tun muss. Aber Ignatius schreibt dieser Tätigkeit des Menschen nur *dispositiven* Charakter zu: „Geistliche Übungen (sind) jede Weise, die Seele darauf *vorzubereiten* und *einzustellen* …". (EB 1[3]) Damit hat er das Paradox formuliert von der göttlichen Gnade, an der alles hängt, und der menschlicher Mitwirkung, ohne die es nicht geht. Unser Gottvertrauen soll nicht passive Verantwortungslosigkeit, und unser Engagement nicht ängstliche Aktivität sein.[62] Um dahin zu gelangen, sind die Geistlichen Übungen Übungen *des Gebets*, und ihr Fortschritt besteht vor allem darin, dass immer mehr *alles* Gebet wird. Das ist eine fortschreitende Verlagerung der Aufmerksamkeit vom Ich, seinem Befinden und seinen Sorgen, hinein in die Gottesbeziehung, hin zum ständig gegenwärtigen Du Gottes. Dieser Prozess ist identisch mit dem Wachstum in der Liebe. Der so Übende konzentriert sich immer mehr darauf, was *Gott* mir sagen will und was er durch mich tun will. Dafür gibt es aber aus der Natur des Menschen Strukturen und Bedingungen, die beachtet werden müssen; darum ist es sinnvoll, Ordnung und Anleitung für diesen Weg zu erhalten. Außerdem ist der Ausgangspunkt des Weges kein neutraler; der Mensch muss aus einer falschen Orientierung, aus Unfreiheit und Egozentrik *umgewandelt* werden und *umkehren* zum Glauben und zur Liebe. All das geht nur, wenn der Mensch sich verwandeln *lässt*. „Siehe, ich stehe vor der Tür und klopfe an. Wenn einer meine Stimme hört und die Tür öffnet, bei dem werde ich eintreten und Mahl mit ihm halten und er mit mir" (Offb 3,20). Die Anleitungen der Exerzitien garantieren nichts, aber sie helfen. Die Entschlossenheit,

---

62 Das ist in einem Wort prägnant formuliert, das von Ignatius überliefert wird: „Sic Deo fide, quasi rerum successus omnis a te, nihil a Deo penderet; ita tamen iis operam omnem admove, quasi tu nihil, Deus omnia solus sit facturus." Übersetzt: „Vertraue so auf Gott, als ob der ganze Erfolg in den Dingen von dir, nicht von Gott abhinge; wende ihnen aber so alle Bemühung zu, als ob du nichts, Gott allein alles tun würde." Zitiert aus: Thesaurus spiritualis Societatis Jesu, S. 480, Selectae Patris nostri Ignatii Sententiae, Typis polyglottis Vaticanis 1948. In diesem paradoxen Wort sind Gottvertrauen und eigene Bemühung nicht neben einander und einander ergänzend dargestellt, sondern als sich gegenseitig durchdringend; es geht um die engagierte Gelassenheit oder das gelassene Engagement.

das Ziel zu erreichen, zeigt sich auch daran, diese Anleitungen zu befolgen. Die gegenseitige Durchdringung von Gottes Gnadenwirken und menschlicher Mitwirkung gilt für ausdrückliche Exerzitien ebenso wie außerhalb im „gewöhnlichen" Leben.

Ignatius hat in seiner Anleitung zu den Übungen viele *Wiederholungen* eingeplant[63]: Übungen, in denen der Betende *inhaltlich* nichts Neues betrachten soll; er *verweilt* dann mehr bei einer Erzählung oder einem Bild. Dadurch wird er empfänglicher für das, was Gott an ihm wirken will. Das gilt auch für den Alltag des Lebens: Auch wenn sich vieles wiederholt, muss es nicht dasselbe sein; es kann mich mehr *in der Tiefe* berühren[64] und dadurch zu einem *Moment* des Wandels werden. So kann die Lebenszeit des Menschen auch ohne größere *äußere* Veränderungen ein Wandlungsweg werden. Je weniger *unfruchtbare* Wiederholung, je mehr *Bereitschaft und Entschlossenheit*, sich verändern zu lassen, desto *schneller* vermag der Prozess zu verlaufen; das gilt sowohl für ausdrückliche Exerzitien wie für das Leben außerhalb. Heilige sind Menschen, die ein hohes Maß an Bereitschaft und Entschlossenheit aufgebracht haben; das meint der „heroische Tugendgrad", der vor einer Seligsprechung festgestellt wird.

So relativiert sich der Unterschied zwischen ausdrücklichen Exerzitien und übrigem Leben. In beidem geht es um dasselbe: Leben mit Gott und von ihm her. Während aber das gewöhnliche Leben mit seinen beruflichen und familiären Aufgaben und der Tatsache, dass der Übende

---

63 Etwa 4 Fünftel oder sogar 5 Sechstel der angegebenen Übungen sind Wiederholungen.

64 Siehe dazu Kapitel 4: „Die Dimensionen und Ebenen menschlichen Lebens".

den Einflüssen von außen ausgesetzt ist, die Aufmerksamkeit von Gott und seinen Impulsen *leicht ablenken* kann, scheinen ausdrückliche Exerzitien geeigneter zu sein, um sich auf die Gottesbeziehung und den Gebetsdialog mit ihm zu *konzentrieren*.[65] Für diese Form von „geschlossenen Exerzitien", wie man sie heute nennt, nimmt sich jemand eine „Auszeit" in einem Exerzitienhaus oder Kloster. Daneben kannte schon Ignatius eine andere Form von Exerzitien, die wir heute „Exerzitien im Alltag" nennen.[66] Sie hält den Übenden in kontinuierlichem Kontakt mit der ganzen Realität seines Lebens, mit der Arbeit und mit den Menschen, und verlangt eine immer neue Entschlossenheit, alles vor Gott zu bringen.[67] Damit wird deutlich, dass im Sinne des Ignatius die verschiedenen Formen von Übungen nur Mittel sind, die danach zu beurteilen und einzusetzen sind, „je nach dem größeren oder geringeren (geistlichen) Nutzen" (EB 17[3]) für den Menschen, der sie gebraucht.[68]

---

65 Diese Form von Exerzitien empfiehlt Ignatius: „Er (der Mensch) wird in ihnen (den Exerzitien) normalerweise um so mehr Nutzen ziehen, je mehr er sich von allen Freunden und Bekannten und von jeder irdischen Sorge absondert; … sondern seine ganze Sorge nur auf eines legt, nämlich seinem Schöpfer zu dienen und seiner eigenen Seele zu nützen" (EB 20[2.7]).

66 „Wer von öffentlichen Dingen oder angebrachten Angelegenheiten behindert wird, … der soll anderthalb Stunden (täglich) nehmen, um sich zu üben" (EB 19[1.2]).

67 Maurice Giuliani SJ, ein bekannter französischer Exerzitienfachmann, hat sich in den späteren Jahren seiner Exerzitienarbeit ganz darauf spezialisiert, „große Exerzitien", also die ganzen geistlichen Übungen, als „Exerzitien im Alltag" über ein- bis anderthalb Jahre hin zu begleiten, weil ihm diese tägliche Inkarnation der Übungen in das konkrete Leben vorteilhaft schien.

68 Die Mahnung zur *Flexibilität* in der Anwendung von Methoden und Hinweisen durchziehen den Text der ganzen Geistlichen Übungen.

Was heißt all das für die Frage des Verhältnisses von Exerzitien und Leben? Weil es in beiden um dasselbe geht, relativiert sich diese Frage zur Frage, *wann und wie* ausdrückliche Exerzitien – und in welcher Form – für eine bestimmte Person *als Mittel geeignet sind*, den Umwandlungsprozess in die Identität eines Liebenden, um den es *immer* geht, voranzubringen. Und umgekehrt: Was innerhalb von ausdrücklichen Exerzitien geschieht, kann und soll auch außerhalb geschehen. *Dass es geschieht*, ist entscheidend, nicht wie und wo und wodurch. Es sollte möglichst *immer* geschehen; schließlich ist unser irdisches Leben eine Pilgerschaft auf das Ziel bei Gott hin. Wenn es geschieht, geschieht es nach der inneren Gesetzmäßigkeit, die sich aus der unerlösten Ausgangssituation des Menschen und seiner geschöpflichen Realität, seiner psycho-physischen Menschlichkeit, ergibt. Ignatius hat diese innere Gesetzmäßigkeit aus der Erfahrung sowohl mit sich selbst wie aus der Begleitung anderer erfasst und in Form einer Übungsanleitung nutzbar gemacht. Das heißt nichts anderes, als dass sich die Phasen, die im Exerzitienbuch entfaltet werden, auch im Leben *außerhalb* von ausdrücklichen Exerzitien *ereignen* – natürlich nicht *automatisch* fortschreitend, sondern entsprechend der Disposition und Entschlossenheit des Übenden. Das ergibt sich schon daraus, dass sich in jeder Phase die eigene Identität weiter entwickelt. Und die jeweils erreichte Identität bestimmt den Menschen in seinen Gewohnheiten wie in seinem bewussten Denken, Fühlen und Handeln und damit in seinen *Entscheidungen*.

Für unsere Frage, wie die *vielen* Entscheidungen, die wir täglich im Leben zu treffen haben, *Teil der einen* Entscheidung werden können, heißt das, dass sie sich jeweils

in die Phasen einfügen müssen, in denen diese eine Entscheidung wächst. Anders gesagt: Sie sollen jeweils von
der *Phasen-Identität* bestimmt sein, die wir gerade leben.
Das ist eine Verheißung: Wenn diese Identität wirklich, d.h. *wirksam gelebt* wird, *wird* das der Fall sein; es
ist gleichzeitig ein Imperativ: Lass dich in deinen Entscheidungen von der erreichten geistlichen Identität *auch
in den vielen Entscheidungen* leiten, vor die du dich gestellt
siehst.

Wir haben von den Phasen bisher als *hintereinander* ab-
laufendem Prozess gesprochen. Er kann auch so wie die
Etappen eines Weges eine nach der anderen fortlaufend
geschehen; er *kann*, es wäre optimal[69]; aber vielfach wird
der Prozess nicht so kontinuierlich verlaufen. Es kann
immer wieder Abbrüche geben, Wiederholungen und
Rückfälle mit Neuaufbrüchen, angestoßen durch Ereignisse von außen wie auch durch neu aufbrechende Fra-
gestellungen von innen. Ich bevorzuge deshalb das *Bild des
Hauses* vor anderen Bildern wie dem des Weges oder der
Spirale als Gleichnis für den Exerzitienprozess. Denn ein
Haus hat mehrere Etagen; in ihnen kann man die Phasen
der Exerzitien sehen. In einem Haus kann man sich bewegen und von einer Etage in die andere gehen und zwar
aufwärts und abwärts. Jedes Stockwerk stellt eine Phase
dar; jedes Stockwerk hat mehrere Räume, die verschiedene Lebensbereiche darstellen. Jedes Geschoß wird *einmal
erstmals* entdeckt und betreten; es stellt einen neuen geistlichen *Erfahrungsraum* dar; in ihm wird eine neue *Identitäts-
erfahrung* möglich. Mit Eintritt in diesen Erfahrungsraum

---

69 Bei Ignatius scheint ein hohes Maß an kontinuierlichem Voranschrei-
    ten stattgefunden zu haben.

hebt die spezifische Dynamik der *jeweiligen* Exerzitien-phase an. Dieser neu betretene Erfahrungsraum bleibt danach zugänglich – es sei denn, jemand macht eine totale Kehrtwende und verlässt das Haus. Mit dem erstmaligen Betreten einer Etage sind aber *noch nicht alle* einzelnen Räume dieser Etage erkundet und in Besitz genommen. Dennoch vermag der Benutzer schon in die nächste Etage aufzusteigen. Wenn eine Etage einmal begangen worden ist, bleibt sie offen für weitere Erkundungen in die *Breite ihrer Gemächer* hinein.

So lässt sich am Bild des Hauses klarmachen, wie sogenannte Wiederholungsexerzitien oder Phasen-Wiederholungen im Alltag nicht nur sinnvoll, sondern auch *notwendig* sein können, um alle Bereiche des Lebens in den Wachstumsprozess zu *integrieren*. So lassen sich auch vermeintliche Rückfälle verstehen; sie kommen dadurch zustande, dass – vielleicht angestoßen durch ein äußeres Ereignis wie einen Todesfall oder einen Konflikt – ein Bereich einer früheren Phase, der bisher noch nicht in den Prozess einbezogen worden war – im Bild: ein bestimmter Raum in einem bestimmten Stockwerk – so ins Bewusstsein tritt, dass er ins Gebet genommen werden kann und *muss*. Dann „lebt" der Übende für eine Zeitlang wieder in diesem Stockwerk, d.h. in der Dynamik der entsprechenden Phase.

Das Haus ist von Gott dem Schöpfer bereits erbaut, wenn der Mensch ins Dasein tritt. Der Mensch ist sozusagen der Mieter; das Haus ist ihm zur Verfügung gestellt.[70] Gott verlockt mit seinen Verheißungen von außen

---

70 Gott hält verschiedene Häuser für die Menschen bereit. Sie gehorchen alle den Gesetzen der Statik und haben deshalb eine gleiche Grundstruktur mit Keller, Eingangsbereich und darüber liegenden Stock-

und mit seinem Geist von innen dazu, es zu betreten, zu erkunden und darin zu leben.

---

werken, können aber sonst recht verschieden sein. Das in unserem Hausbild vorgestellte Haus ist eines, das sich für viele Menschen als hilfreich erwiesen hat, die mit vielen Entscheidungen in ihrem Leben zu tun haben.

12.

Die Phasen des Exerzitien-Lebensprozesses als Kriterium in den vielen Entscheidungen

Wie können die *vielen* Entscheidungen, die wir im Alltag des Lebens zu treffen haben, Teil der *einen* Entscheidung werden, um die es im Leben geht? Um das aufzuzeigen werden im Folgenden

1. die Phasen des Exerzitien-Lebensprozesses, in denen diese eine Entscheidung wächst, genauer beschrieben, und wird

2. aufgezeigt und an Beispielen erläutert, wie die Ziele der jeweiligen Phase für die zu treffenden Entscheidungen *wirksam* werden können und sie so *Teil* der einen Lebensentscheidung werden.

Es sei noch einmal daran erinnert, dass die Phasen nicht einfach *automatisch* hintereinander ablaufen, sondern dass es ein Vor und Zurück geben kann; deshalb wird im folgenden auf das Hausbild Bezug genommen.[71]

---

71 Siehe Kapitel 11: „Der Exerzitienprozess als Übungsprozess und als Lebensprozess".

12.1 Die erste Phase oder „Fundamentsphase" des Lebensprozesses

1. In der ersten Phase[72] – im Hausbild das Parterre, in dem man das Haus betritt, – geht es darum, dass ich mein Leben auf das Ziel hin ausrichte, für das ich geschaffen bin. Dafür ist es zunächst einmal nötig, aus der Zerstreutheit des Vielerlei, dem Getriebensein durch die vielen Impulse, Bedürfnisse und Eindrücke *aufzuwachen* und das Leben als einen *Weg* in den Blick zu bekommen, der *ein Ziel* hat, um sich dann aufzumachen, dieses Ziel zu *wollen*. Dies impliziert eine *Entscheidung*: die Entscheidung, dieses Ziel *entschlossen erreichen zu wollen*. Sie gibt dem Leben eine neue, klare Ausrichtung. Es ist der Beginn einer *bewussten* Beziehung zu dem, der mir dieses Leben gegeben hat, zu Gott, meinem Schöpfer, der mir in seinen *Verheißungen* entgegenkommt. Diese Entscheidung ist eine *erste, bewusste Bekehrung.*[73] Sie konkretisiert sich darin, mich mit diesen Verheißungen zu beschäftigen und ein geistliches Leben mit regelmäßigen Übungen zu beginnen. Sie ist gleichzeitig eine Entscheidung *zur Hoffnung*, dass dieses Ziel er-

---

72 Im Exerzitienbuch erscheint diese Phase nicht als eigene „Woche". Wenn man aber beachtet, um was bereits in der ersten Übung der „ersten Woche" gebetet werden soll, dann wird klar, dass dieser ersten Woche bereits eine wichtige Entwicklung vorausgeht. Es hat sich in der Exerzitienpraxis deshalb weitgehend bewährt, vor der „ersten Woche" des Exerzitienbuchs eine „nullte Woche" anzusetzen, an deren Ende dann die Erwägung des „Prinzip und Fundament" stehen kann und die von daher „Fundamentsphase" genannt wird. Vgl. dazu: Alex Lefrank, Umwandlung in Christus, Echter 2009, S. 45–86.

73 „In den Hochreligionen … bezeichnet Bekehrung das entschiedene Ergreifen der vorgeschriebenen Lebensform und, im ausgeprägten Sinn, die Wiedergeburt zu einem neuen Ich und einer von innerer heiliger Kraft getragenen Existenz." LThK[2], II. Band, Artikel Bekehrung, I. Religionsgeschichtlich, Spalte 136, Autor: B. Thum.

reichbar ist. Das Ziel ist, ein liebender Mensch zu werden, der in allem vom Motiv zu lieben bestimmt wird.[74] *Inhaltlich* ist diese Entscheidung identisch mit der *einen Entscheidung*, um die es im Leben geht, die als Glaubensentscheidung beschrieben wurde.[75] Sie besteht darin, der Liebe zu glauben, die mich ins Dasein gerufen hat und mir entgegenkommt. Wenn sie im Blick auf Christus geschieht[76], wird Christus als „der Weg" (Joh 14,6) erfasst, auf dem das Ziel des Lebens beim Vater erreicht werden kann. Dadurch wird eine *neue Identität* gewonnen: die Identität als *Pilger*, als jemand, der sich auf den Weg macht, um dieses Ziel zu erreichen. Damit betritt jemand das Haus, das Gott für ihn bereithält. Vom Parterre aus geht der Blick nach oben in das Treppenhaus; man bekommt einen ersten Eindruck vom Ganzen dieses Hauses.

Durch die beschriebene Entscheidung wird das Leben unter ein *Ideal* gestellt. Ein Ideal ist – psychologisch betrachtet – eine Projektion, in der ich mich mit dem Ziel, das ich erreichen will, identifiziere. Dadurch findet meine tiefste Sehnsucht, *wertvoll zu sein*, eine Antwort.[77] Diese Projektion bedient sich der Bilder, in denen das Lebensziel

---

74 Siehe Kapitel 9: „Menschliches Leben als Dialog der Liebe".
75 Siehe Kapitel 7: „Die eine Lebensentscheidung als Glaubensentscheidung".
76 Ob das geschieht, hängt davon ab, ob Christus bisher in der Vorstellungs- und Gedankenwelt eines Menschen vorkommt und welche Bedeutung er darin hat. Es ist natürlich wünschenswert und von großem Gewinn, wenn jemand im Laufe dieser Phase zur Verheißungsbotschaft des Evangeliums Zugang gewinnt und damit eine persönliche Beziehung zu Christus wachsen kann. Siehe dazu Kapitel 8: „Zum Zusammenhang dieser Glaubensentscheidung mit dem christlichen Glauben".
77 Siehe Kapitel 4: „Die Dimensionen und Ebenen menschlichen Lebens".

in mein Bewusstsein getreten ist. Solche Bilder können dramatische Szenen sein, in denen verdichtet anschaulich wird, wie ich mich einsetzen will; es können auch Darstellungen von Personen sein, die das, was mir als Ideal vorschwebt, exemplarisch verwirklicht haben. Die Bilder faszinieren mich und lösen dadurch emotionale Energie aus, die mich vorwärts lockt. Wir kennen diese Dynamik beim Jugendlichen; sie hilft bei der Ablösung vom Elternhaus zu einer eigenständigen Weiterentwicklung. Die *geistliche* Entwicklung der ersten Bekehrung unterscheidet sich insofern davon, dass sie nicht von *irgendwelchen* Idealbildern, sondern von *Verheißungen* ausgelöst wird. Hinter Verheißungen steht eine *Person*, die sie macht und ihre Erfüllung verspricht. Damit ist ein betender Dialog angeboten. Der Prozess der ersten Phase der Exerzitien vollzieht sich in diesem *Gebetsdialog*. Der Heilige Geist ist als Kraft der *Hoffnung*[78] am Werk.[79] Oft ist dieser Prozess mit starkem emotionalem Trost in Form von Begeisterung verbunden. Es ist die Zeit der „ersten Liebe". Oft entstehen dabei Lebensentwürfe, die sich wie Berufung anfühlen, aber nur *vorläufig* sein können, weil sie noch zu sehr von „Idealismus" getragen sind und die eigene Fähig-

---

78 Es ist interessant, dass Ignatius in der Benennung der drei göttlichen Tugenden als Weisen des Trostes von der gewöhnlichen Reihenfolge: Glaube, Hoffnung und Liebe abweicht und die Hoffnung als erste nennt: „Überhaupt nenne ich ‚Tröstung' alle Zunahme an Hoffnung, Glaube und Liebe" (EB 316⁴).

79 Hier zeigt sich der Unterschied zwischen den Exerzitienphasen und den Lebensphasen in der Identitätsentwicklung nach Erik Erikson. Diese sind in den geistlichen Prozess zu integrieren, da sie die Aufgabenstellungen des irdischen Lebens in seinem altersgemäßen Fortschreiten formulieren; aber in der Dynamik des Heiligen Geistes, der über sie hinausführt, werden sie relativiert.

keit überschätzt wird.[80] An Heiligenbiographien kann man aber ablesen, wie wichtig diese Phase ist. Je stärker ihre Dynamik einen Menschen erfasst, desto mehr ist er bereit einzusetzen, um konsequent auf dem Weg voran zu schreiten.[81]

Im Blick auf die vier Dimensionen menschlichen Lebens ist klar, dass die Längsdimension, das Leben als *eine einmalige Geschichte*, bewusst wird, und dass die *Transzendenz-*Dimension, dass dieses Leben auf ein Ziel ausgerichtet ist, das über das Irdische hinausreicht, Thema wird. Aber auch die Tiefendimension menschlichen Lebens muss ins Spiel kommen[82]: Es darf nicht bei inhaltlich-gedanklicher Beschäftigung auf der funktional-verstandlichen Ebene bleiben; es braucht darüber hinaus Übungsmethoden, die die affektive Beziehungsebene ansprechen, z.B. indem Verheißungstexte der Bibel und positive Erfahrungen des eigenen Lebens betrachtet werden, so dass sie affektive Wirkung entfalten. Weil es um das Ganze des Lebens geht, wird auch die „Tiefe" oder der personale Grund wenigstens angerührt werden. Zu Zeiten des Ignatius waren sowohl die Zielausrichtung auf Gott wie entsprechende Übungsmethoden in der Volksfrömmigkeit allgegenwärtig, so dass er eine eigene „Woche" für diejenigen, für die

---

80 Deshalb mahnt Ignatius den Begleiter, wenn er „sieht, dass der, welcher sie (die Übungen) empfängt (macht), getröstet ist und mit großem Eifer vorangeht, muss er warnen, dass er kein unbedachtes und voreiliges Versprechen oder Gelübde ablege" (EB 14[1]).

81 Im Leben des Ignatius beginnt diese Phase auf dem Krankenlager in Loyola mit der Lektüre des „Lebens Christi" des Ludolf von Sachsen und der „Legenda aurea" (Heiligenlegenden) des Giacomo de Varazze und geht über die Tage in Montserrat bis in die erste Zeit in Manresa: Bericht des Pilgers Nr. 5‒19.

82 Siehe Kapitel 4: „Die Dimensionen und Ebenen menschlichen Lebens".

er die Vollform der Exerzitien vorgesehen hat, nicht für notwendig hielt.[83]

2. Für die vielen Entscheidungen heißt das: Es ist einzuüben, bei allen zu treffenden Entscheidungen *die Frage nach dem Ziel*, welches meine Entscheidung bestimmen soll, konsequent zu stellen und die jeweiligen in Blick kommenden Zwecke oder Ziele daraufhin zu *prüfen*, ob und wie sie sich in die neu gefundene *Gesamtausrichtung meines Lebens* einfügen oder nicht.[84]

Wenn sich jemand in diese Phase hinein bewegt, ist zu erwarten, dass Entscheidungsfragen, die *von innen* her angestoßen werden, der neu erwachten Zielausrichtung auf Gott hin entsprechen und vom Ideal und von Begeisterung motiviert sind. Sie werden die Identität der Pilgerschaft und die Entschlossenheit stärken, das Leben daraufhin „zu ordnen" (EB 21). Wenn sie dem nicht konform sind, wird das eher leicht bemerkt. Ob dann allerdings die Kraft besteht, anderen Motiven *nicht* zu folgen, bleibt zumindest offen; es ist sogar damit zu rechnen, dass eingeschliffene Muster unter der Decke der Idealausrichtung weiter wirksam sind und zu Entscheidungen motivieren, die der neuen Ausrichtung widersprechen. Es besteht außerdem die Gefahr, sich zu übernehmen und echte Bedürfnisse zu

---

83 Für „denjenigen, der (nur) Hilfe haben will, um belehrt zu werden und um bis zu einem gewissen Grad zu gelangen, seine Seele zufrieden zu stellen" (EB 18[4]), bietet Ignatius sogenannte „leichte Übungen" (EB 18[9]) an. Sie zielen darauf, die erste Bekehrung durch regelmäßige Gebetsübungen, Einhaltung der Gebote und regelmäßigen Sakramentenempfang zur wirksamen Lebensausrichtung werden zu lassen, d. h. diese erste Phase im Alltag zu leben.
84 Siehe Kapitel 3: „Wie kommt es zu Entscheidungen und wie laufen sie ab?".

übergehen. Wenn der Prozess daher nicht in die nächste Phase fortschreitet, kann sich sogar eine Art Doppelleben entwickeln: Zeiten, die dem Ideal entsprechen, und andere Zeiten und Beziehungen, in denen nicht angenommene oder verdrängte Bedürfnisse, z.B. sexueller Art, die Oberhand gewinnen.

Bei Entscheidungen, die *von außen* an den Menschen herangetragen werden, muss die gewonnene Zielorientierung wirksam werden. Eine gute Entscheidung inkarniert die neue Identität in den Alltag hinein; so *wird sie Teil des einen* Entscheidungswegs. Am Beispiel des Angebots einer neuen Stelle im Betrieb[85]: Sie kann nicht mehr *nur* im Blick auf irgendwelche Vorteile, z.B. Verbesserungen im Verdienst, getroffen werden. Neben dem Kriterium der „Sachgerechtigkeit", d.h. der ethischen Unbedenklichkeit im Sinne der Schöpfungsordnung, ist in der *Abwägung* auch zu prüfen, ob und wie sie sich auf die neue Priorität auswirkt, zu der sich der Mensch entschieden hat: Erlaubt ihm die neue Stelle z.B. Zeit und Energie für ein geistliches Leben, für die Beschäftigung mit der Verheißung und für regelmäßiges Gebet zu haben, oder setzt sie ihn so unter Arbeitsdruck, dass dafür nur mehr „Abfallzeit" übrig bleibt?

Am Beispiel des Wochenendbesuchs bei der Freundin[86]: Stärkt diese Beziehung die neue Ausrichtung oder führt sie auf ein Nebengleis?

---

85 Siehe Kapitel 3: „Wie kommt es zu Entscheidungen und wie laufen sie ab?".
86 Siehe Kapitel 2: „Die drei Gegenstandsbereiche einer menschlichen Entscheidung".

12.2 Die zweite Phase oder „Erste Woche" der Exerzitien

1. Die erste Phase ist nicht weniger, aber auch nicht mehr als *ein Anfang*. Denn Einsicht und darauf gegründetes Wollen erweisen sich oft als zu schwach, um sich gegen die Ängste und Begierden durchzusetzen, die unsere Emotionalität vielfach bestimmen. In der Ebene der Emotionen sitzen unser *Wünschen* und – was noch wichtiger ist – unsere *emotionalen Widerstände*, gegen die unser rationales Wollen meist machtlos ist. Paulus formuliert vor allem im Brief an die Römer sehr klar, wie es um den Menschen bestellt ist: „Denn was ich bewirke, begreife ich nicht: Ich tue nicht das, was ich will, sondern das, was ich hasse. … Das Wollen ist bei mir vorhanden, aber ich vermag das Gute nicht zu verwirklichen" (Röm 7,15.18). Der erbsündliche Mensch hat zunächst die Identität als „Fleisch": „Ich aber bin fleischlich" (Röm 7,14), das heißt egozentrisch, aus Angst um mich und meine Bedürfnisse besorgt. Paulus spricht deshalb von der *Sünde im Singular* und bezeichnet damit eine Art Macht, die zwar nicht unseren freien Willen ausschaltet, aber uns nicht gerecht und innerlich frei sein lässt, weil unser Wollen sich gegenüber unseren emotionalen Mustern als zu schwach erweist.[87] Der Mensch muss also *befreit* werden. Dabei geht es nicht um eine Befreiung von äußerer Zwangsherrschaft. Christus ist nicht gekommen, um uns äußerlich frei zu machen; er hat uns die Befreiung zur *inneren Freiheit* angeboten.[88]

---

87 Diese Sicht bestimmt seine Darstellung des Erlösungsgeschehens in den Kapiteln 6–8 des Römerbriefs.

88 In dem „Memorandum Kirche 2011", das von mehr als 200 Theologen unterschrieben wurde, ist achtmal von Freiheit die Rede; in

Das ist Ziel und Inhalt der zweiten Exerzitienphase, im Exerzitienbuch die „Erste Woche", als deren Inhalt „die Erwägung und Betrachtung der Sünden" (EB 4) genannt wird. Es geht dabei nicht etwa nur um gute Vorsätze, um keine Sünden*taten* mehr zu begehen. Das bliebe an der Oberfläche, auf der funktionalen Ebene. Wie wir gesehen haben, entscheiden wir uns für das Gute nur, wenn wir uns gleichzeitig für die *gute Motivation* entscheiden, die uns die Energie für diese Entscheidungen gibt.[89] Eine Umkehr von einem egozentrischen Leben zu einem guten, liebenden Leben gelingt deshalb nur, wenn wir von der *egozentrierten Dynamik* befreit werden, die uns lieblos sein und sündigen lässt. Es geht um eine Umpolung unserer *Affektivität* von einer egozentrischen Polung, in der uns „schmeckt", was unsere Wünsche befriedigt und angenehm ist, und die uns Abscheu empfinden lässt vor dem, was uns unangenehm ist und Angst macht. *Abscheu* ist eine spontane Regung der Aggressionskraft, die dem Menschen gegeben ist, um zu sich zu stehen und sich zu schützen. Diese affektive Abwehrreaktion soll ich nicht mehr – jedenfalls nicht mehr so stark, dass sie unüberwindlich wäre – einsetzen, wenn mir etwas „stinkt" und Angst macht, sondern sie soll dann in mir aufsteigen, wenn ein Vorhaben meiner geschöpflichen Realität nicht

---

den Formulierungen „Freiheitsbotschaft des Evangeliums" (zweimal) und „biblische Freiheitsbotschaft" (zweimal) wird dabei Befreiung als Hauptanliegen des Evangeliums bezeichnet, ohne dass der Begriff Freiheit erläutert wurde. In einer Öffentlichkeit, die Freiheit fast ausschließlich als *äußere Freiheit* versteht, wurde dadurch ein grundlegend falsches Verständnis des Evangeliums propagiert.

89 Siehe oben Kapitel 2: „Die drei Gegenstandsbereiche einer menschlichen Entscheidung", 2. Gegenstandsbereich.

entspricht und der *Schöpfungsordnung* zuwiderläuft.[90] Diese Umpolung führt zu einer *neuen Identität* und kommt einer „neuen Schöpfung" (2 Kor 5,17; Gal 6,15) gleich, die nur der Schöpfer selbst schaffen kann.

Die Umpolung betrifft aber nicht nur die Affektivität. Sie verlangt auch eine „Erneuerung des Denkens"[91], eine tiefere Einsicht in unsere wahre Realität. Die ganze Wahrheit, das „Real-Ich", der „Schatten", der durch die Identifikation mit unseren Idealen, unserem „Ideal-Ich", bisher verdeckt war, muss ans Licht. Aber unsere Wahrnehmung ist getrübt, weil sie nicht unabhängig ist von unserer Affektivität; was wir nicht sehen wollen, weil es uns nicht gefällt, blenden wir nur zu gerne aus oder verdrängen es sogar. Die Anleitung des Ignatius zielt deshalb zunächst darauf, den Exerzitanten aus der falschen emotionalen *Unbetroffenheit* herauszuholen, die nicht *seiner Wahrheit* entspricht und ihn daran hindert, sie zu sehen. Diese Wahrheit ist: Du bist in einer schlimmen Situation; denn du bist unfrei, tust vielfach nicht, was gerecht ist und der Liebe entspricht. Du hast zwar ein Ideal, das du sein willst, aber du bist es noch nicht. Sinn und Wert deines Lebens drohen verfehlt zu werden. Du müsstest also alarmiert sein, denn du lebst nicht deine wahre Iden-

---

90 Im Exerzitienbuch wird in der Anleitung für die Wiederholungsübungen deutlich, dass es um eine Umpolung unserer Affektivität geht: Der Exerzitant soll um „drei Dinge" bitten: „Das erste: Damit ich innere Erkenntnis meiner Sünden und Abscheu vor ihnen verspüre. – Das zweite: Damit ich die Unordnung meiner Betätigungen verspüre, damit ich sie verabscheuend mich bessere und mich ordne. – Das dritte: Erkenntnis der Welt erbitten, damit ich sie verabscheuend die weltlichen und eitlen Dinge von mir absondere" (EB 63$^{2-4}$).

91 „Und gleicht euch nicht dieser Welt an, sondern lasst euch verwandeln durch die Erneuerung des Denkens" (Röm 12,2).

tität, sondern täuschst eine andere vor.[92] Deshalb lässt das
Exerzitienbuch „um Beschämung und Verwirrung über
sich selbst" bitten (EB 48⁴). *Beschämung* ist die affektive
Betroffenheit, die aufkommt, wenn ich entdecke, dass
mein *Selbstwert* beschädigt ist. Sie müsste einsetzen, wenn
ich erkenne, dass ich nicht der bin, der ich vorgebe zu sein
und der ich eigentlich auch sein will. *Verwirrung* ist, wenn
man die Orientierung verloren hat und nicht mehr weiß,
wo man ist. Der Mensch, der „Fleisch", d.h. egozentrisch,
ist, sieht sich fälschlicherweise als Mittelpunkt, von dem
aus er bestimmen kann, was wo hingehört. Er muss diese
falsche Selbsteinschätzung aufgeben und die Wahrheit an-
erkennen, dass er nicht Mittelpunkt, sondern einer von
vielen ist, die sich ins Ganze der Schöpfung einzuordnen
haben.[93]

Das Exerzitienbuch verfolgt in dieser Phase eine Dop-
pelstrategie: Es lässt den Exerzitanten – wie bereits darge-
legt – einerseits um die seiner Wahrheit entsprechende *Betroffenheit* und *Verwirrung* bitten und führt ihn andererseits
vor den gekreuzigten Erlöser: Ihn soll er fragen, „wie er als
Schöpfer (dazu) gekommen ist, Mensch zu werden, und
vom ewigen Leben zu zeitlichem Tod und so für meine
Sünden zu sterben" (EB 53¹). Es geht um *Wahrheit und
Liebe*; nur in der Liebe vermögen wir die Wahrheit unserer
Verlorenheit wahr sein zu lassen; nur in der Erschütte-
rung über unsere Wahrheit erreicht uns die Liebe wirklich dort, wo wir sind, und befreit uns zu neuem Leben.
„Wenn ihr in meinem Wort bleibt, seid ihr wirklich meine

---

92 Jesus nennt das im Evangelium „Heuchelei"; er findet es v. a. bei den
    Pharisäern, siehe Mt 23, 1–33.
93 Dies ist besonders die Dynamik der zweiten Übung der Ersten Woche
    EB 55–61.

Jünger. Dann werdet ihr die Wahrheit erkennen, und die Wahrheit wird euch befreien" (Joh 8,31–32). Lebte die erste Phase vor allem aus der Dynamik der Hoffnung, so diese zweite aus der *Dynamik des Glaubens*, indem ich die Wahrheit, dass ich Sünder bin, *und* die erbarmende Liebe annehme, die mir in Christus angeboten wird. Ich erfahre, dass Christus „gekommen ist, um Sünder zu rufen, nicht die Gerechten" (Mk 2,17), und gewinne die *Identität als geliebter Sünder*. Der Mensch wird dann nicht mehr nur lieben *wollen*, sondern er wird frei dazu, die Liebe, die er von Gott erfahren hat, durch sich hindurch an andere *fließen zu lassen* – wenigstens soweit es die Gerechtigkeit verlangt.

Von großer Bedeutung ist in dieser Phase, dass die heilende Kraft der *Trauer* und des *Schmerzes* erfahren wird. Ignatius zählt deshalb unter „geistlicher Tröstung" ausdrücklich auf: „Ebenso, wann sie (die Seele) Tränen vergießt, die zu Liebe zu ihrem Herrn bewegen, sei es aus Schmerz über ihre Sünden oder über das Leiden Christi unseres Herrn oder über andere Dinge, die geradeaus auf seinen Dienst und Lobpreis hingeordnet sind" (EB 316[3]). Für die zweite Übung der ersten Woche lässt er „um gesteigerten und intensiven Schmerz und Tränen über meine Sünden bitten" (EB 55[4]). Das ist die Gnade *echter Reue*. Insofern sowohl die Aggressionskraft („Abscheu") wie die Trauerfähigkeit des Menschen („Schmerz und Tränen") ins Spiel kommen, tritt er nicht nur gedanklich, sondern *auch emotional seiner Wahrheit gemäß* vor Gott und vermag entsprechend dessen versöhnendes und heilendes Handeln an sich zu *erfahren*. Indem er von der Herrschaft der Angst befreit wird, vermag er die ganze Breite und Tiefe affektiver Erfahrungen zuzulassen und kann hinfort die

Energie echter Gefühle zur Bewältigung seiner jeweiligen Situation nutzen.[94]

In dieser Phase ist damit zu rechnen, dass erlittene *Verletzungen* aus dem früheren Leben auftauchen. Dass sie durch Trauer *geheilt* werden und ich mit den Menschen, die sie mir zugefügt haben, und auch mit Gott, der sie zugelassen hat, *versöhnt* werde, ist eine Verheißung für diese Phase. Ich muss mich *dazu entscheiden*, Verletzungen zum Gegenstand des Gebets zu machen. Dadurch komme ich heraus aus meinen Vermeidungsstrategien und werde bereit, mich der Realität von Ereignissen und Begegnungen auszusetzen und die affektiven Bewegungen der Aggression und der Trauer zuzulassen, durch die ich sie zu verarbeiten vermag.[95] Dieser Versöhnungs- und Verarbeitungsprozess hat in dieser Phase Vorrang. Es ist deshalb nicht die Zeit,

---

94 In der Transaktionsanalyse, einer Therapieform, unterscheidet man echte oder Primär-Gefühle von Ersatz- oder Sekundärgefühlen. Die Ersteren sind die spontan bei entsprechenden Ereignissen oder Begegnungen aufkommenden Gefühle von Freude, Trauer, Wut und Zuneigung; die Letzteren sind Gefühle, die in der Kindheit an die Stelle von nicht erlaubten Gefühlen getreten sind, z. B. weil das Kind Angst hatte, Wut zu zeigen, wurde es stattdessen traurig. Viele Menschen haben sich in der Kindheit so sehr an solche Ersatzgefühle gewöhnt, dass sie zu einem Muster geworden sind, nach dem sie auch als Erwachsene reagieren und deshalb nur schwer Zugang zu den der Situation *entsprechenden echten* Gefühlen finden. Siehe Rüdiger Rogoll, Nimm dich, wie du bist, Freiburg i. Br. [6]1976, besonders S. 51–64. Für den Gebetsprozess dieser Phase ist die Ermutigung dazu, auch Enttäuschung und Wut nach dem Beispiel vieler Psalmen Gott gegenüber zu äußern, oft von entscheidender Bedeutung, damit dann auch Schmerz und Trauer, d. h. auch Reue als eine Form von Schmerz, zugelassen werden können.

95 Der Versöhnungsprozess verläuft nach Kübler-Ross in den fünf Phasen Verleugnung, Aggressions-Phase, Verhandlungs-Phase, Trauer-Phase und schließlich Versöhnung. Elisabeth Kübler-Ross, On Death and Dying, New York 1969.

sich für neue Projekte oder gar einen neuen Lebensstand zu entscheiden; eine solche Entscheidung wäre eher Flucht vor dem schmerzvollen Prozess der Aufarbeitung und droht von ungeklärten Motiven irregeleitet zu werden.

Im Hausbild entspricht dieser Phase das *Kellergeschoss*. Denn im Keller ist das abgelegt, was nicht brauchbar, störend oder verderblich scheint. Es ist das, was in den verschiedenen Lebensbereichen, z.B. Familie, Beruf, Mitgestaltung der Welt etc., schiefgelaufen ist, wo man verletzt worden oder schuldig geworden ist. Man geht deshalb nicht gern in den Keller hinab; jedenfalls hält man sich nicht dauerhaft dort auf. Zunächst hat man sogar einen Widerstand, hinabzusteigen. Es bedarf deshalb immer wieder eines neuen Anstoßes, einer neuen Entscheidung, diesen Widerstand zu überwinden. Das ändert sich, wenn einmal Licht hineingekommen ist. Dann entdeckt man im Keller wichtige Dinge, denn der Keller ist auch Vorratsraum. Dann erkennt man, dass dort Ressourcen sind, die dem Leben eine neue Tiefe schenken. Eine entscheidende Erfahrung des Lebens wird im Keller gemacht: Erbarmen zu finden, Versöhnung mit Gott, mit den andern Menschen und mit sich selbst. Und man merkt, dass das Parterre gar nicht das Fundament ist, auf dem das Haus steht, sondern dass das wahre Fundament der Fels ist, der sich *unter* dem Keller befindet, auf dem das ganze Haus aufruht, Gott, „mein Fels und meine Rettung" (Ps 62,2).[96]

Vom Parterre aus ist es verlockend, gleich in das obere Stockwerk hinaufzukommen und den Ausblick zu genießen. Ohne Bild: In der ersten Phase kommt das Leben als

---

96 Im Leben des Ignatius vollzieht sich dieser Prozess in Manresa und führt ihn über die Skrupel, die ihn in Suizidgefahr gebracht haben, zur Befreiung (siehe Bericht des Pilgers Nr. 20–25).

Ganzes vom Ziel her in den Blick und fasziniert durch die Idealvorstellung, die man davon hat. Wenn ein Priester oder Ordensmann seinen Stand aufgibt, dürfte das in vielen Fällen damit zusammenhängen, dass er Ideal mit Berufung verwechselt hat; im Bild: dass er vom Parterre in den oberen Stock hinaufgerannt ist, ohne vorher den Keller angeschaut und aufgeräumt zu haben. Dasselbe gilt von Eheschließungen, die zu ungeprüft vom Idealbild des Partners, der Partnerin her zustande kamen.[97] Es wird immer wieder dazu kommen, dass jemand nicht nur aus dem Parterre, sondern auch vom ersten oder gar zweiten Stockwerk noch einmal in den Keller hinabsteigen muss, wenn sich Ungeheiltes und Unversöhntes meldet, das bisher noch nicht entdeckt worden ist.

Ebenso ist in dieser Phase damit zu rechnen, dass Begeisterung und geistliche Trostgefühle, die für die vorangehende Phase charakteristisch waren, immer wieder der Trostlosigkeit und Langeweile Platz machen. Es besteht dann die Gefahr, das Gebet aufzugeben, den begonnen Weg aufzugeben und hinter die erste Phase zurückzufallen. Der Übende muss also lernen, *nicht* die Tröstung *zum Ziel* seines Betens zu machen. Dann würde er nämlich in einer *geistlichen Egozentrik um sich* kreisen, statt auf das Du Gottes ausgerichtet zu sein. Deshalb mahnt Ignatius den Exerzitanten: „Zur Zeit der Trostlosigkeit (Trockenheit, Leere) niemals eine Änderung machen, sondern fest und beständig in den Vorsätzen und in dem Entschluss stehen, in denen man dem solcher Trostlosigkeit vorangehenden

---

97 Das macht deutlich, wie verfehlt eine Sakramenten-Pastoral ist, die glaubensmäßig völlig unvorbereitete Paare zur kirchlichen Eheschließung zulässt, die eine *unauflösliche* Ehe begründet.

Tag stand" (EB 318[1]).[98] Wenn das Gebet mir gefühlsmäßig „nichts mehr bringt" und ich mich frustriert erlebe, ist *mein Glaube* umso mehr herausgefordert, dass Gott mich dennoch hört und mein Gebet sinnvoll ist. Zum Wachstum in der Identität als Glaubender ist diese Treue entscheidend.[99]

Erst durch diese Phase wird ein Mensch im vollen Sinn so Christ, wie das Neue Testament Christsein versteht. „Nicht mehr ich lebe, sondern Christus lebt in mir. Was ich nun im Fleisch lebe, lebe ich im Glauben an den Sohn Gottes, der mich geliebt und sich für mich hingegeben hat" (Gal 2,20). Erst dann hat ein Mensch eingeholt, was in der Taufe an ihm geschehen ist: „Wisst ihr denn nicht, dass wir alle, die wir auf Christus Jesus getauft wurden, auf seinen Tod getauft worden sind? Wir wurden ja mit ihm begraben durch die Taufe auf den Tod, damit auch wir, so wie Christus durch die Herrlichkeit des Vaters auferweckt wurde, in der Wirklichkeit des neuen Lebens wandeln"(Röm 6,3–4). Oder nach Johannes: „Wenn jemand nicht aus dem Wasser und dem Geist geboren ist, kann er nicht in das Reich Gottes kommen. Was aus dem Fleisch geboren ist, das ist Fleisch; was aber aus dem Geist geboren ist, das ist Geist"(Joh 3,5–6). In der geistlichen Tradition hat man dies „Zweite Bekehrung" genannt.[100]

---

98 Erläuterung in der Klammer von mir. Siehe auch die Regeln 319–324, die alle in dieselbe Richtung weisen.

99 Das griechische Wort πιστις heißt sowohl Glaube wie Treue, d. h. Festhalten am Glauben und Vertrauen.

100 Soweit ich sehen kann, geht dieser Ausdruck auf Louis Lallement SJ zurück (1588–1635). Er war Novizenmeister und Leiter des Terziats, der Vertiefungszeit nach den Studien, die jeder Jesuit durchlaufen muss. Die Rede von einer „zweiten" Bekehrung dürfte auch dadurch bedingt sein, dass das Wort „Bekehrung" in seiner Zeit primär für eine ethisch-moralische Verhaltensänderung gebraucht wurde.

2. Bei Entscheidungsfragen geht es in dieser Phase – neben der Sachgerechtigkeit im Sinne der Schöpfungsordnung – primär um *Wahrhaftigkeit* den Motiven und Zielen gegenüber, die sich dabei melden; das gilt sowohl bei Entscheidungsfragen, die *von innen* her aufkommen, wie bei denen, die *von außen* an den Menschen herangetragen oder ihm zugemutet werden. Am Beispiel der neuen Stelle im Betrieb[101] könnte das heißen: sich einzugestehen, dass es weder das höhere Gehalt noch die freiere Arbeitszeitgestaltung, sondern der Zuwachs an Ansehen war, der gegebenenfalls dazu geführt hat, sich mit der Frage zu befassen; das könnte dann zu der Entscheidung führen, sich demütig ganz sachgerecht für die Stelle zu entscheiden, weil ein höheres Gehalt für die Familie sinnvoll ist. Am Beispiel des Wochenendbesuchs bei der Freundin[102] könnte sich bei ehrlichem Hinschauen zeigen, dass der unaufgeräumte Schreibtisch ein Vorwand war, sich der persönlichen Begegnung mit der Freundin, die auch herausfordernd zu werden verspricht, nicht stellen zu müssen.

Gute Entscheidungen in dieser Phase sind also Entscheidungen, die
1) inhaltlich der in der vorigen Phase gewonnenen Ausrichtung nicht widersprechen,
2) der Gerechtigkeit und der Schöpfungsordnung nicht widersprechen und

---

101 Siehe Kapitel 3: „Wie kommt es zu Entscheidungen und wie laufen sie ab?"
102 Siehe Kapitel 2: „Die drei Gegenstandsbereiche einer menschlichen Entscheidung".

3) die aus *ehrlich geklärter Motivation* hervorgehen. Priorität hat also, mit der eigenen Motivwelt vertraut zu werden und gegenüber seinen eingefahrenen Mustern frei zu werden. So fügen sich die vielen Entscheidungen in die eine Entscheidung des Glaubens und der Liebe ein.

12.3 Die dritte Phase oder „Zweite Woche" der Exerzitien

1. Nachdem mich die unverdiente Liebe des Gekreuzigten erreicht und erschüttert hat und ich dadurch davon befreit bin, mich durch eigene Leistung und Verbergen meiner Wahrheit und Schwächen *selbst retten* zu wollen, kann mich eine neue Dynamik vorwärts locken: die Dynamik der *größeren Liebe*. Sie fragt mich nicht mehr nur nach dem, was *notwendig* ist, um „meine Seele zu retten" (EB 23²), sondern danach, was „uns *mehr* zu dem Ziel hinführt" (EB 23⁷). Dieses Mehr, lateinisch magis, wird nicht mehr nur gewollt; es wird *gewünscht* (EB 23⁷), d.h. es ist aus der erfahrenen Liebe des Erlösers eine *affektive Kraft*, eine Motivation, erwachsen, die dazu drängt, in den Entscheidungen das zu wählen, was „mehr" dem Ziel entspricht, um das es geht. Dieses Ziel ist nicht mehr nur das eigene Heil, sondern das Heil der anderen, das Heil aller. Die eine Entscheidung des Lebens wird zur Entscheidung zur *Mitwirkung* an der Rettung der Welt. Die neue Identität ist die eines *Gesandten*[103], eines Jüngers, der an der Sendung Christi teilnimmt.

---

103 Im Griechischen ἀπόστολος (Gesandter), wovon unser Wort „Apostel" abgeleitet ist. Im Neuen Testament wird dieses Wort in einem *engeren* Sinn, beschränkt auf die zwölf Apostel (konsequent von

Die Dynamik dieser Etappe ist die Dynamik der *größe-ren,* „über-gerechten" Liebe. Größer, weil sie nicht mehr nur auf erfahrene Liebe mit Liebe antwortet oder durch geschenkte Liebe liebende Antwort zu erhalten hofft, sondern gerade *dort* Liebe aufbringt, wo eher Gleichgültigkeit oder Widerstand zu erwarten ist. Paulus bezeichnet diese größere Liebe als Teilnahme an der Weisheit Gottes: „Wir dagegen verkünden Christus als den Gekreuzigten: für Juden ein Ärgernis, für Heiden eine Torheit, für die Berufenen aber, Juden wie Griechen, Christus, Gottes Kraft und Gottes Weisheit" (1 Kor, 1,23–24). Ignatius lässt deshalb im Zugehen auf die Wahl darum bitten: Dass ich, „um Christus unseren Herrn nachzuahmen und ihm aktualer (wirklicher, realer)[104] ähnlich zu sein, mehr mit dem armen Christus Armut will und erwähle als Reichtum, Schmähungen mit dem davon erfüllten Christus mehr als Ehren, und mehr zu wünschen, als nichtig und töricht um Christi willen angesehen zu werden, denn als weise und klug in dieser Welt" (EB 167²).

Wie größere Liebe geht, ist am Leben und am irdischen Scheitern Jesu abzulesen, das in der Auferstehung als Sieg offenbar geworden ist. In den Übungen dieser Etappe werden deshalb zunächst die Menschwerdung, dann die Begegnungen und Ereignisse des irdischen Lebens Jesu

Lukas im Evangelium und in der Apostelgeschichte (von zwei Ausnahmen 14,4.14 abgesehen) und von Paulus für sich selbst (z. B. 1 Kor 9,1)), und in einem *weiteren* Sinn (z. B. Eph 2,20; Joh 13,16) gebraucht. Im Exerzitienbuch wird die Sendung in der Eingangsübung dieser Phase, „dem Ruf ... des ewiglichen Königs" (EB 91–98) thematisiert.

104 Interpretation in der Klammer von mir.

mit liebendem Blick angeschaut.[105] Dadurch wächst eine *Intimität mit Jesus*, die über inhaltlich-begriffliche oder programmatische Identifikation hinausgeht und empathischen Gleichklang freundschaftlicher Art entstehen lässt. Deshalb lautet die Bitte in dieser Phase: „Innere Erkenntnis des Herrn erbitten, der für mich Mensch geworden ist, damit ich mehr ihn liebe und ihm nachfolge" (EB 104).

Das ist die Dynamik des Lebens „in Christus"[106] oder „nach dem Geist" (Röm 8,4[107]), wie Paulus das Leben des Christen nennt. In ihm wächst als „die Frucht des Geistes": „Liebe, Freude, Frieden, Langmut, Freundlichkeit, Güte, Treue, Sanftmut und Enthaltsamkeit" (Gal 5,22–23). Diese Frucht erwächst daraus, dass Liebe zur bestimmenden Ausrichtung eines Lebens geworden ist: Freude, wenn Liebe ankommt und Leben zeugt; Frieden als Grundstimmung des eigenen Versöhntseins, das zur Liebe befreit; Langmut, wenn es schwierig wird, bei der Liebe zu bleiben; Freundlichkeit und Güte als Kom-

---

105 Dazu hat Ignatius eine eigene Gebetsweise angeboten, die „Betrachtung" (so übersetzt Knauer das spanische contemplación, lateinisch: contemplatio). Sie geht von der Anschaulichkeit eines Evangelientextes aus und leitet zum Dabei-Sein an und mündet nach Wiederholungsbetrachtungen in die „Anwendung der Sinne"; also Gebetsweisen, die nicht dem entsprechen, was heute meist unter Kontemplation im Sinne einer gegenstandslosen Gebetsweise verstanden wird.

106 Griechisch: εν Χριστω. Paulus verwendet diese Formel häufig, um die neue Existenzweise des Christen zu bezeichnen, „der seinen Lebensort ‚im Herrn' hat, der in des Herrn persönlichem Machtbereich und in seinem Geist Fuß gefasst hat, der in seinem Einflussbereich, unter seiner Herrschaft … steht" (Heinrich Schlier, Der Herr ist nahe, Adventsbetrachtungen, Freiburg i. Br. ²1975, S. 52; hier zitiert nach Lektionar zum Stundenbuch II. 1, S. 114).

107 Griechisch: ἡμιν περιπατουσιν κατα πνευμα, wörtlich übersetzt: uns, die wir nach dem Geist wandeln.

munikation und Freigebigkeit aus Liebe; Treue als durchgehaltene Liebe; Sanftmut, wenn einem Aggressivität
begegnet; Enthaltsamkeit im Umgang mit den eigenen
triebhaften oder emotionalen Impulsen. Dem entspricht
bei Ignatius, was er als „geistliche Tröstung" (EB 329[2])
bezeichnet. Diese Tröstung ist nicht anzuzielen; sie ist
das *affektive Echo*, die verheißene Zugabe, wenn jemand in
selbstloser Liebe lebt.[108]

Ignatius nennt als Kennzeichen, dass sich jemand in
dieser Phase bewegt, dass er „unter dem *Schein des Guten*
angegriffen und versucht wird" (EB 10[1–2])[109]. Zwar hat jede
Versuchung einen Schein des Guten, sonst wäre es keine
Versuchung. Hier ist aber eine *spezielle* Situation gemeint,
die dadurch zustande gekommen ist, dass sich jemand *in
größerer* Radikalität aufgemacht hat, indem er „mehr danach verlangt" (EB 97[1]), Christus ähnlich zu werden.[110]
Vielfach wird das bedeuten, dass es sich um Unternehmen
handelt, die den gängigen Vorstellungen der Menschen
in der Welt und auch in der Kirche nicht entsprechen;
z.B. zu einem Glaubenskurs einzuladen, ohne dass die
Finanzierung im vorhinein geklärt ist, oder für jemand

---

108 Ignatius warnt in den vorausgehenden Phasen davor, affektive Erfahrung als Wegweisung zu interpretieren. In dieser Phase, nach der
Umpolung der Affektivität, ermutigt er zum Vertrauen gegenüber
dem affektiven Echo: „Es ist Gott und seinen Engeln eigen, in ihren
Regungen wahre Fröhlichkeit und geistliche Freude zu geben" (EB
329[1]).

109 Hervorhebung von mir.

110 Diese Dynamik des „Mehr" wird v. a. in der Übung vom „Ruf des
Königs" (EB 91–98) entfaltet; sie wird leicht missverstanden und
kippt dann um in einen geistlichen Ehrgeiz. Entscheidend zum
richtigen Verständnis ist das Wort „Anerbieten": Der Übende bietet
sich an, damit Gott sich seiner bedienen kann; es geht darum, bereit
zu werden, damit Gott dann in der Wahl die Entscheidung schenken
kann.

einzutreten, der von der Mehrheit abgelehnt wird. Die Anfechtung besteht dann einerseits darin, sich aus Angst gar nicht auf das Projekt einzulassen; die *größere* Gefahr ist aber, sich auf seine Sicht zu versteifen, die Angst gar nicht mehr zu spüren und in Heroismus und *geistlichen Hochmut* zu verfallen, in dem man sich als besser erachtet als die anderen. Die Kirchengeschichte kennt viele Beispiele dafür. Deshalb ist die demütige Bereitschaft zum Gehorsam der *zuständigen* kirchlichen Autorität gegenüber wesentlich; man kann sie mit dem Seil vergleichen, das bei einer ausgesetzten Klettertour vor dem Absturz bewahrt.[111]

Im Hausbild spielt sich diese Phase im Obergeschoss ab, dort, wo die Fenster offen sind und die Stürme der Geschichte in das Haus hineinwehen. Seine verschiedenen Räume sind die Bereiche, in denen die Sendung gelebt wird; das sind nicht nur Sachbereiche, sondern auch die Beziehungen sowohl zu den Mitstreitern wie den Widersachern in der Sendung.

2. Leben in dieser Phase heißt, offen und wach dafür zu sein, dass *Impulse des Geistes* größerer oder kleinerer Art immer wieder bei mir anklopfen. Sie tauchen entweder plötzlich oder allmählich als ein konkretes Projekt, ein

---

111 Ignatius hat diesen Gehorsam auch dort gelebt, wo seine geistlichen Vorhaben dadurch durchkreuzt wurden. Dabei hat er genau geprüft, ob und wieweit die betreffende Autorität rechtlich zuständig war; siehe Pilgerbericht z. B. Nr. 46–47 und 64–71. Die Regeln „für das wahre Gespür, das wir in der streitenden Kirche haben müssen" (EB 352–370), besonders die Regeln 353 und 365, geben für diese konsequente, aber nicht unmündige Kirchlichkeit Zeugnis. Vgl. auch Hugo Rahner, Ignatius von Loyola und das geschichtliche Werden seiner Frömmigkeit, Regensburg ²1949, der den oben im Text ausgeführten Aspekt auch an anderen Beispielen aus der Kirchengeschichte aufzeigt.

bestimmter Schritt der Liebe, eine „Möglichkeit, ein Angebot oder eine Gegebenheit in der Außenwelt"[112] in mir auf, die mein Leben gleichzeitig dem Leben Christi ähnlicher zu machen verheißt und meine Nachfolge konkreter in die Welt hinein ausbuchstabiert. Dadurch wird sich *meine Identität als Gesandter* konkretisieren. Das kann sich als Frage zeigen, die *von außen*, von der Situation oder von anderen, an mich herangetragen worden ist, oder als Intuition, die *von innen her* auftaucht. Es kann eine „Lebensentscheidung" sein, vor die ich mich gestellt sehe, oder eine Weichenstellung innerhalb meiner Lebenssituation.[113] Damit es eine „Wahl" im Sinne des Exerzitienbuchs[114] werden kann, ist wesentlich, dass sich der Wahlgegenstand als Konkretion meiner Entscheidung für die *Nachfolge Christi* erweist und mich nicht von seinem Leib, *der Kirche, trennt*.[115] Das heißt, dass ich *alle Entscheidungsfragen*, die auftauchen, sei es von außen, sei es von innen her, als Einladung zu einer „Wahl" verstehe. In seinen Regeln „mit größerer Unterscheidung der Geister" (EB 328–336) leitet Ignatius dazu an, wie es geht, in den vielen Entscheidungen „nach dem Geist (zu) leben" (Röm 8,4). Es bedarf also einer verfeinerten *Erkenntnisfähigkeit*, eines Lichts, das

---

112 Siehe Kapitel 2: „Die drei Gegenstandsbereiche einer menschlichen Entscheidung", 1. Gegenstandsbereich.

113 Zur Frage, ob es eine notwendige Reihenfolge solcher Entscheidungsfragen gibt – also zuerst Lebensstand (Christsein in der Welt oder Ordensstand), dann Wirkdimension (kirchlicher oder weltlicher Beruf), sodann weitere Fragen – siehe EB 135 und Alex Lefrank, Umwandlung in Christus, Würzburg 2009, S. 404–409.

114 Exerzitienbuch Nr. 170–178 und Nr. 328–336.

115 „Es ist notwendig, dass alle Dinge, über die wir eine Wahl treffen wollen, indifferent oder in sich gut seien und dass sie innerhalb der hierarchischen heiligen Mutter Kirche Kriegsdienst leisten, nicht aber schlecht noch ihr widerstreitend seien" (EB 170^2).

hinter die Oberfläche zu schauen befähigt, um zu erkennen, wohin ein inhaltlicher Impuls und seine emotionale Begleitmusik in der Seele mich führen wollen. Es gilt, in die Kunst der „*Unterscheidung* der Geister", d.h. der mich bewegenden Motivdynamiken, hineinzuwachsen.

Wenn in mir ein solcher Impuls auftaucht, ist zunächst zu klären, ob meine innere Situation die der „Stille und Ruhe" (EB 333³), biblisch: die des „Friedens" (Gal 5,22), ist. Wenn nicht, dann ist es vordringlich, intensiv um diesen Frieden, d.h. die freie Verbindung mit dem Herrn, zu bitten, denn sie bildet die Grundlage für die Entscheidung. Gleichzeitig darf der nüchterne Kontakt mit der Wirklichkeit nicht verloren gehen; er zeigt sich darin, dass mir auch bange ist angesichts des Risikos, das ich eingehe, wenn ich mich auf einen solchen Impuls einlasse.

Für den Entscheidungsvorgang selbst *kombiniert* die wichtigste Unterscheidungs-Regel *zwei* Entwicklungen im Verlauf des Entscheidungsprozesses miteinander:

– *einmal den Verlauf der gedanklichen* Beschäftigung mit dem Entscheidungs*inhalt*: „Wir müssen sehr die Folge (den Ablauf) der Gedanken beachten. Und wenn der Anfang, die Mitte und das Ende alles gut ist, zu allem Guten hingeneigt, dann ist dies ein Kennzeichen des guten Engels. Doch wenn es bei der Folge der Gedanken, die er bringt, bei irgend etwas (inhaltlich) Bösem endet oder das ablenkt oder weniger gut ist, als was die Seele sich zu tun vorgenommen hatte" (EB 333¹⁻²), dann ist dieser ins Auge gefasste Inhalt, dieses Projekt oder diese Inspiration, nicht vom guten Geist. Maßstab für diese Beurteilung sind die Gebote Gottes, die Schöpfungsordnung und natürlich die Nachfolge Christi in der

Form, die ich gegebenenfalls schon als meine Berufung erkannt und mich dazu entschieden oder gar verpflichtet habe.[116]

— *Zum anderen* ist dabei *auch auf das affektive Echo* zu achten, das im Verlauf dieser Beschäftigung mit dem Entscheidungsinhalt aufkommt: „Wenn es bei der Folge der Gedanken … die Seele schwächt oder beunruhigt oder verwirrt, indem es ihr (der Seele) ihren Frieden, ihre Stille und Ruhe, die sie vorher hatte, wegnimmt, so ist dies ein deutliches Kennzeichen, dass es vom bösen Geist herkommt, dem Feind unseres Nutzens und ewigen Heils" (EB 333[3–4]).

Um es an einem Beispiel zu verdeutlichen: Einem Familienvater kommt die Idee, seinen Arbeitsplatz aufzugeben, um in die Politik zu gehen; je länger er sich mit dem Gedanken daran beschäftigt, desto mehr träumt er von den politischen Erfolgen, die er erringen würde, und landet schließlich dabei, sich vorzustellen, wie ihn alle bejubeln. In der inhaltlichen Gedanken-Abfolge kommt er also immer mehr ab vom Sendungsziel (den Menschen zu dienen) und landet bei eitlem Selbstruhm; außerdem ist nicht geklärt, wie sich eine Politikerkarriere zu seiner Berufung als Familienvater verhält. Affektiv verliert er die klare Ausrichtung (wird „verwirrt"), „Friede und Stille" wandelt sich in heftiges egozentrisches Hochgefühl, und

---

116 „Es gibt die einen Dinge, die unter unveränderbare Wahl fallen, wie etwa Priestertum, Ehe usw. sind" (EB 171[1]). „Bei der unveränderbaren Wahl, wenn man bereits einmal eine Wahl getroffen hat, gibt es nichts mehr zu wählen, weil man die Bindung nicht lösen kann" (EB 172[1]).

am Ende hat er die Energie für eine klare Entscheidung verloren („die Seele [ist] geschwächt").

In die Politik zu gehen könnte ja ein Impuls des Geistes sein. Um ihn unterscheidend als solchen zu erkennen, müsste durchgängiger Frieden oder andauernde Freude als begleitende affektive Erfahrung erhalten bleiben und die nüchterne Entschlossenheit und Konzentration auf die Aufgabe eher wachsen als zerstreut werden. Statt Hochgefühl wäre eine begleitende Bangigkeit zu erwarten angesichts der zu erwartenden Herausforderung in der politischen Welt. Wenn die so skizzierte Stimmungslage gegeben wäre, würde das die Erlaubnis des Herrn signalisieren, sich auf das Abenteuer einzulassen, zu dem solche Impulse meistens einladen.[117]

In der Beschreibung erscheinen solche Entscheidungsprozesse kompliziert und langwierig; sie sind es aber nicht.[118] Alles hängt davon ab, ob jemand die Indifferenz, die *innere Freiheit,* gewonnen hat und entschieden ist, Christus auf dem *Weg der Erniedrigung* zu folgen.[119] Wenn diese Disposition geschenkt ist und die Hauptaufmerksamkeit auf Christus ausgerichtet bleibt, ergibt sich die Wahl eher *wie von selbst*, ohne große Dramatik. Ein Leben

---

117 Ignatius selbst gewinnt diese neue Identität in Manresa und trifft seine Wahl, die ihn vom Büßerideal hin zum apostolischen Mann der Kirche und Mystiker werden lässt: Bericht des Pilgers Nr. 26–35. Sein ganzer weiterer Weg ist ein fortwährendes Suchen und Finden des Willens Gottes, also ein ständiger Wahlprozess.

118 Das zeigt auch das Exerzitienbuch: Für den Wahlvorgang selbst gibt es dort nur zwei Nummern EB 175 und 176. Umso beredter ist Ignatius in der Vorbereitung der Wahl; dem dienen 40 Nummern EB 135–174.

119 Dem dienen v. a. die Übungen „über zwei Banner" (EB 136–147), „über drei Menschenpaare" (EB 149157) und über „drei Weisen der Demut" (EB 164–168).

in solch ständigen Wahlprozessen ist also keineswegs anstrengend oder angespannt, wohl aber spannend; es bewegt sich im Atem des Heiligen Geistes und im „Frieden Gottes, der alles Verstehen übersteigt" und „eure Herzen und eure Gedanken in Christus Jesus bewahren wird" (Phil 4,7).

Wenn die innere Disposition *nicht als affektiver Frieden* erfahrbar ist und doch eine Entscheidung getroffen werden *muss*, muss diese nach „der größeren Vernunftregung" (EB 182²) getroffen werden, indem „die Seele ... ihre natürlichen Fähigkeiten frei und ruhig gebraucht" (EB 177³). Für diese sogenannte „dritte Zeit" (EB 177¹), eine Wahl zu treffen[120], gibt Ignatius Anweisungen, die darauf hinauslaufen, die Indifferenz, die innere Freiheit den zur Wahl stehenden Alternativen gegenüber, zu prüfen und zu gewinnen (EB 178–188).

12.4 Die vierte Phase oder „Dritte Woche" der Exerzitien

1. Durch die Entscheidung für die Nachfolge, die sich durch die Wahl weiter konkretisiert hat, ist das Leben auch nach außen, für die „Außenwelt", verändert. Es vergegenwärtigt Christus ein Stück deutlicher und damit anstößiger in dieser Welt. Nach dem Evangelium ist deshalb damit zu rechnen, dass die Welt, d.h. die Menschen, das gesellschaftliche System und auch die „Leute" in der

---

120 „Drei Zeiten, um in jeder von ihnen eine gesunde und gut Wahl zu treffen" (EB 175–177).

kirchlichen Umgebung[121], in der ich lebe, entsprechend darauf reagieren werden. Deshalb ist als weiterer Schritt der Liebe fällig, sich auf die Folgen einzustellen, die die Identifikation mit Christus haben wird.

Die Passion Jesu hat eine äußere und eine innere Dimension. In dieser Etappe geht es um beide; *die äußere* kann in Form von Verleumdung, wirtschaftlicher oder beruflicher Benachteiligung bis zu gerichtlicher Verurteilung mit ihren Folgen gehen; *die innere* besteht in der Teilnahme an der Gottverlassenheit und Dunkelheit, die Jesus am Ölberg und am Kreuz erlitten hat. Ich soll „erwägen, wie sich die Gottheit verbirgt, nämlich wie sie ihre Feinde zerstören könnte und es nicht tut; und wie sie die heiligste Menschheit so aufs grausamste leiden lässt" (EB 196). Ob aus dem „Erwägen" dieser inneren Passion ein *Erfahren* wird, eine existentielle Teilnahme an der Verlassenheit und Dunkelheit, die Jesus erlitten hat, *ist offen*; genauso wie natürlich offen ist, wie die Umwelt auf meine Entscheidung reagieren wird. Ignatius lässt um „Schmerz, Verspüren und Verwirrung, weil der Herr wegen meiner Sünden zum Leiden geht" bitten (EB 193). Das Beispiel

---

121 Im Johannes-Evangelium wird das Wort „Welt" an manchen Stellen neutral für die vorhandene irdische Welt als Ort des Kommens Christi gebraucht (z. B. Joh 3,16), aber an anderen Stellen im Sinne von herrschendem gesellschaftlichen System, dessen „Herrscher" der Satan ist (Joh 12,13; 14,30; 16,11); diese Welt hat Christus nicht erkannt und ihm nicht geglaubt. Sie „hasst" und diskriminiert deshalb auch seine Jünger: „Wenn die Welt euch hasst, dann wisst, dass sie mich schon vor euch gehasst hat. Wenn ihr von der Welt stammen würdet, würde die Welt euch als ihr Eigentum lieben. Aber weil ihr nicht von der Welt stammt, sondern weil ich euch aus der Welt erwählt habe, darum hasst euch die Welt" (Joh 15, 18–19; siehe auch Joh 17,9–25). Auch Kirche ist in ihrem konkreten Betrieb oft Teil von Welt in diesem Sinn.

nicht weniger Heiligen zeigt, dass auch in der Nachfolge Jesu nach Phasen der Glaubenserfahrung solche Phasen der *Gottferne* möglich oder sogar zu erwarten sind. Es geht dann um nackten Glaubens*gehorsam*, an der objektiven Wahrheit des Glaubens festzuhalten, auch wenn er sinnlos geworden scheint. Der Druck, alles aufzugeben, weil es sinnlos scheint, kann enorm sein. Besonders schmerzvoll ist es, an der erhaltenen und in der Wahl angenommenen *Sendung* festhalten zu müssen, auch wenn der vorher erfahrene Sinn nicht mehr erfahren wird. Tatsächlich erweist sich diese Sendung gerade dann aber als *besonders fruchtbar*, was aber dem so Leidenden verborgen bleibt. Die Entscheidung, um die es geht, ist die *Entscheidung zum Gehorsam* und zur Treue in der Liebe; sie ist fortwährend neu zu treffen.[122]

Im Hausbild ist diese Phase am besten als Dachgeschoss dargestellt; unter der Dachschräge wird es eng; es läuft auf die Spitze des Hauses zu, wo das Haus aufzuhören scheint. Auch die verschiedenen Lebensbereiche, die vom Keller an bis ins Obergeschoss reichen, scheinen nicht mehr zugänglich und erscheinen eine Täuschung gewesen zu sein.

2. In dieser Phase wird der Entscheidungsmodus, wie er in der vorhergehenden Phase beschrieben worden ist, nicht möglich sein, weil seine Voraussetzung, der innere,

---

122 Es ist nicht ganz leicht diese Phase im Leben des Ignatius zu lokalisieren. Wahrscheinlich war 1524 das Scheitern seiner Sendung, im Heiligen Land zu bleiben, eine solche Erfahrung (siehe Bericht des Pilgers Nr. 45–47.50). Vielleicht war auch die Wahl Gianpietros Carafas 1555 zum Papst (Paul IV.) eine solche Erfahrung, weil dadurch der Fortbestand der Gesellschaft Jesu gefährdet schien (siehe Luis Camara, Memoriale, Nr. 93, übersetzt und herausgegeben von Peter Knauer SJ 1988).

affektiv erfahrbare Frieden, nicht mehr erfahrbar ist. Es ist nicht die Zeit*, neue Projekte* in Angriff zu nehmen. Es geht darum, die *angenommene* Sendung trotz der erfahrenen Leere und Sinnlosigkeit durchzutragen. Wenn sich von *außen her* Entscheidungsfragen stellen, bleibt also nur die nüchterne Prüfung, welche Entscheidungsalternative der Sendung nicht widerspricht. Wenn mehrere Alternativen diese Prüfung bestehen, kann man die Entscheidung Gott anheimstellen, indem man sich ein äußeres Zeichen, z. B. durch einen Münzwurf, erbittet.[123]

12.5 Die fünfte Phase oder „Vierte Woche" der Exerzitien[123]

1. Ignatius lässt für diese Phase die „Gnade erbitten, um fröhlich zu sein und mich innig zu freuen über so große Herrlichkeit und Freude *Christi unseres Herrn*"[124] (EB 221). Nachdem schon in der dritten Phase die eine Entscheidung, um die es im Leben geht, zur Entscheidung für das Heil *der anderen* geworden ist und in der vierten Etappe diese Entscheidung auch in *Dunkelheit und Leere* durchgehalten wurde, kann der Fokus auch jetzt nicht mehr

---

123 So haben Petrus und die ersten Jünger die Nachwahl des Matthias zum Apostel vollzogen.
   Kreuz, Tod und Auferstehung Jesu kommen nicht erst in der vierten und fünften Phase vor, sondern sind schon *in jeder* der vorangegangenen Phasen präsent, weil sie der zentrale Inhalt des christlichen Glaubens sind, ohne den kein anderer Inhalt christlich wäre. In der ersten Exerzitienphase ist das Paschamysterium als Endsieg Christi, in der zweiten als Erweis der erbarmenden Liebe Gottes, in der dritten als Modell gegenwärtig, wie Gott seinen Heilsplan in dieser Weltzeit verwirklicht.

124 Hervorhebung von mir.

auf *mir, meiner* Herrlichkeit und Freude, liegen: „Nicht mehr ich lebe, Christus lebt in mir" (Gal 2,20). Insofern Christus mein Leben geworden ist, wirkt die Herrlichkeit und Freude, die er lebt, jedoch auf mich zurück. Seine Herrlichkeit und Freude strahlt auf alle und alles aus: Ich soll „erwägen, wie die Gottheit, die sich im Leiden zu verbergen schien, nun so wunderbar in der heiligsten Auferstehung durch deren *wirkliche und heiligste Wirkungen erscheint und sich zeigt*"[125] (EB 223). In dieser Etappe geht es also nicht mehr nur um die Auferstehung Jesu und meine Mitfreude daran; es geht um die *universale* Veränderung, die dadurch eingetreten ist, um die Teilnahme *aller*, des *ganzen Kosmos*, an der Neuheit der Schöpfung.

So ist die Erfahrung dieser Phase nicht primär eine emotionale; es ist eine Erfahrung von *Licht*, das *alles* durchleuchtet und in *Licht* taucht. Auch wenn der eigene Tod noch nicht durchgestanden ist, ist diese Lichterfahrung schon ein Hineinleuchten des Ewigen in das irdische Dasein dessen, der diese Etappe erfährt. Die Liebe Gottes, aus der die ganze Schöpfung hervorgegangen ist, hat in Christus schon gesiegt und wird einst vor allen als siegreich offenbar werden.

Im Hausbild ist diese Phase am besten als eine Dachterrasse darzustellen, die sich über der Spitze des Hauses erhebt. Sie ist nicht mehr *im* Haus, sie ist darüber im Freien. Von ihr aus vermag man alles zu überschauen.

2. Im Umgang mit Entscheidungsfragen, die sich von innen oder von außen her stellen, wird die Weise, wie sie für die dritte Phase beschrieben wurde, neu möglich sein.

---

125 Hervorhebung von mir.

Es ist zu erwarten, dass sich Entscheidungen leicht und ohne großen Prozess ergeben, weil das Licht, von dem die Rede war, auch die zur Entscheidung anstehende Sache oder Situation erhellt.

An die Vierte Woche schließt sich im Exerzitienbuch die „Betrachtung, um Liebe zu erlangen" an (EB 230–237). Man kann sie deshalb als Anleitung dazu sehen, wie nach den Exerzitientagen oder -wochen *im Alltag* zu beten ist. Sie leitet dazu an, Gott als gegenwärtig und wirkend in allen Situationen und Dingen zu finden und sich ihm hinzugeben, so dass er über einen verfügen kann. Nach der ersten Bekehrung kann man auf *jeder Identitätsstufe* im Sinne dieser Anleitung beten. Nach dem Durchgang durch alle Phasen des Exerzitienprozesses ergibt sich diese Art Gebet aus der Lichterfahrung der Vierten Woche von selbst und wird – obwohl Christus im Text nicht genannt ist – zum Christus-Finden-in-allen-Dingen.[126]

---

126 In der römischen Zeit hat Ignatius in dieser durchgängigen Transparenz auf Gott in Christus hin gelebt. So heißt es im Pilgerbericht: „So wachse er immer in der Andacht, das heißt, in der Leichtigkeit, Gott zu finden, und jetzt mehr als in seinem ganzen Leben. Und jedes Mal und zu jeder Stunde, dass er Gott finden wolle, finde er ihn."

Die Phasen des Exerzitien-Lebensprozesses im Hausbild:

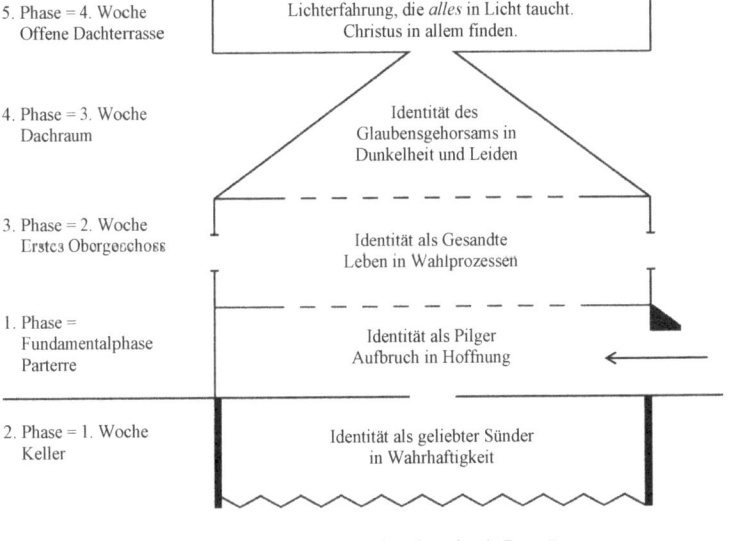

5. Phase = 4. Woche
Offene Dachterrasse

Lichterfahrung, die *alles* in Licht taucht.
Christus in allem finden.

4. Phase = 3. Woche
Dachraum

Identität des
Glaubensgehorsams in
Dunkelheit und Leiden

3. Phase = 2. Woche
Erstes Obergeschoss

Identität als Gesandte
Leben in Wahlprozessen

1. Phase =
Fundamentalphase
Parterre

Identität als Pilger
Aufbruch in Hoffnung

2. Phase = 1. Woche
Keller

Identität als geliebter Sünder
in Wahrhaftigkeit

Das eigentliche Fundament =   Gott, „Mein Fels und mein Retter"

Nachwort

Gott ist ein Geheimnis. Auch jeder Mensch und jedes Menschen Leben ist Geheimnis. Geheimnissen gebührt Ehrfurcht. Geheimnisse sind nicht zu enträtseln und aufzulösen.

Das Geheimnis menschlichen Lebens kulminiert gleichsam im Entscheiden; denn im Entscheiden vollzieht der Mensch sein Person-Sein, seine Einmaligkeit. Deshalb vermag auch niemand von außen eine Entscheidung eines Menschen *letztgültig* zu beurteilen, weil niemand zu der Zeit, an der sie getroffen wurde, an der Stelle stand, an der der stand, der sie getroffen hat. Und niemand vermag von daher den inneren Zusammenhang von Einsichten, Zielen, Motiven und Prioritäten wirklich zu durchschauen, die einen Menschen zu einer bestimmten Entscheidung bewogen haben. Von außen können wir immer nur Voraussetzungen, Bedingungen und Folgen wahrnehmen. Deshalb sind auch Gerichtsentscheidungen, bei allem anerkennenswerten Bemühen um Schuldeinsicht, keine Entscheidungen über das ewige Heil. Bleibt also vor dem Geheimnis menschlicher Entscheidung nur Scheu und Ehrfurcht? Ist deshalb eigentlich auch keine Antwort möglich auf die Frage, wie die *vielen* Entscheidungen mit dem *einen* Leben des Menschen zusammen hängen? Sind also die vorausgehenden Kapitel 1 bis 12 verfehlt? Ist der Versuch, eine Systematik im Umgang mit Entscheidungen aufzuzeigen, überzogen?

Geheimnisse sind nicht aufzulösen und in durchschaubares Wissen zu verwandeln, ohne ihnen ihre Wahrheit zu nehmen und sie somit zu verfehlen. Wohl aber sollen wir in ihnen heimisch werden. Wir sollen uns *in ihnen zu bewegen* lernen. Dafür müssen wir uns mit ihnen beschäftigen und ihnen nachspüren. Es ist wie beim Bergsteigen: Ein kundiger Bergführer vermag Wege aufzuzeigen, um das zunächst fremde Terrain zu begehen. Ignatius ist ein solcher Bergführer, gerade in Bezug auf Entscheiden. Wenn wir ihm folgen, werden wir vertrauter mit dem Berg. Er führt uns nicht weg vom Geheimnis, sondern tiefer in es hinein.

So ist meine Hoffnung, dass Leserinnen und Leser sich durch die Lektüre dieser Kapitel nicht abgeschreckt fühlen, mit dem Geheimnis ihres Lebens und Entscheidens vertrauter zu werden, sondern darin eine Hilfe finden, es unterscheidend besser kennenzulernen, um sich in ihm kundiger und hoffnungsvoller bewegen zu können. Das mag Mut machen, das Wagnis, sich zu entscheiden, immer wieder auf sich zu nehmen und darin zu wachsen.